Succesvol
Solliciteren

Succesvol
Solliciteren

DE EFFECTIEVE WEG NAAR EEN PASSENDE BAAN

Marco Mostert

Colofon

Succesvol solliciteren, de effectieve weg naar een passende baan
is een uitgave van Uitgeverij Elmar BV, Delft – 2019
© 2019: Marco Mostert
Vormgeving omslag: Uitgeverij Elmar BV
Fotografie: Moniek Rikken-Offermans | www.pexels.com en shutterstock

ISBN: 978 90389 2677 3
NUR 809

Alle rechten voorbehouden. Tenzij anders vermeld berusten alle rechten op informatie die je in dit handboek aantreft bij Marco Mostert of zijn gelicenceerd aan Marco Mostert. Niets uit deze uitgave mag worden verveelvoudigd, door middel van druk, fotokopieën, geautomatiseerde gegevensbestanden of op welke andere manier ook zonder voorafgaande schriftelijke toestemming van de uitgever.

Inhoud

Proloog 9

1. DE ARBEIDSMARKT 13
   - De verhouding tussen werkgever en werknemer 14
   - De ruime arbeidsmarkt 15 • De krappe arbeidsmarkt 16
   - Kwalitatieve en kwantitatieve aansluitingsproblematiek 18
   - Afstand tot de arbeidsmarkt 18

2. CURRICULUM VITAE & PERSONALIA 21
   - Het Curriculum Vitae 22 • De functietitel 26
   - Voorbeeld CV 28 • Gaten in het CV 30 • Het digitale CV 32
   - De CV-robot 33 • De vraag naar aantoonbare ervaring 34
   - Kwalificatie versus competentie 36 • Referenties 37
   - Getuigschrift 38 • Diploma 39

3. HET STANDAARDKADER | SOLLICITEREN 41
   - De vacatureanalyse 41 • De sollicitatiebrief 46
   - De open sollicitatie 55 • Solliciteren vanuit een baan 57
   - Het gras is niet groener bij de buren 59
   - De tweede deelname aan een sollicitatieprocedure 61
   - Aanhoudend solliciteren 64
   - De camouflage van afwijzingen 66

4. HET STANDAARD KADER | HET INTERVIEW 69
   - De voorbereiding 70 • Uiterlijke presentatie 75
   - Het gesprek 76 • De handmethodiek 82
   - Het interview bij het uitzendbureau 82
   - Het telefonisch interview 83 • Het Skype-interview 85
   - De Speeddate 86 • De 'Elevator pitch' 88 • Het assessment 89

- Verbale en non-verbale communicatie 92
- Actief luisteren 93

5. **GEZONDHEID & INTEGRATIE** 95
   - Gezondheidsproblematiek 95
   - Het kerncompetentiekwadrant 97
   - Het Dunning-Krugereffect 99
   - Tijdstip van bekendmaking gezondheidsproblematiek 99
   - De werkervaringsplek (WEP) 103

6. **VACATUREKANALEN** 107
   - Vacaturesites 107 • Veilig online solliciteren 110
   - De krant 112 • Sociëteiten 113 • Sollicitatieclubs 114
   - Netwerken 115 • Werken in het buitenland 117
   - Werken als ZZP'er 118 • Vrijwilligerswerk 118

7. **REGISTRATIE & ANALYSE** 121
   - Registratie 121 • Kwartaalanalyse 123 • Media-analyse 126
   - Stabiliteit versus instabiliteit 130

8. **WERVING & SELECTIE** 133
   - Opdrachtgever versus kandidaat 133
   - Het belang van een persoonlijk bezoek 139
   - De NVP-sollicitatiecode 140
   - De tien geboden voor de werving en selectie 143

9. **OVERHEID & BUREAUCRATIE** 145
   - De Wet werk en zekerheid (Wwz) I De constructie 145
   - De Wet werk en zekerheid I De bijzonderheden 149
   - De transitie van Wwz naar de Participatiewet 155
   - De Participatiewet I De constructie 157
   - De Participatiewet I De bijzonderheden 160
   - Wajong I De constructie 163
   - Wajong I De bijzonderheden 167

- Hoe overleef ik een uitkering? 169
- Maak de bureaucratie tot een bondgenoot 174
- Doorbreek het taboe 174 • Het Manitoba-experiment 175

10. AANDACHTSGROEPEN 177
- Afgestudeerde jongeren 177 • Alleenstaande ouders 182
- 50-plussers 186 • Allochtonen 188 • Laagopgeleiden 194
- Transitionisten 195 • Geslacht 198 • Uiterlijke verschijning 199

11. DOGMATISME 201
- Persoonlijke identificatie 201 • Intelligentie 203

12. PERSOONLIJKE ONTWIKKELING 206
- Doorzettingsvermogen 208 • Discipline 209
- Blijven doorstuderen 210 • Talenkennis 211
- Intelligentie verhogen 212

Gefeliciteerd! 217
Dankwoord 221
Register 223

Proloog

Mijn filosofie is dat iedereen een arbeidsplaats verdient in onze maatschappij. Een plek waar competentie en talent samengebracht kunnen worden, zodat ieders potentie zich kan ontwikkelen en iemand daarmee een fundamentele bijdrage kan leveren aan onze sociale en economische welvaart.

Dit handboek is dan ook geschreven voor iedereen die problemen ervaart met zijn of haar integratie tot de arbeidsmarkt. Personen die gebukt gaan onder het juk van stress en moedeloosheid. Hen wil ik een hart onder de riem steken door dit boek aan te reiken. De drijfveer om mij over de werklozen te ontfermen vond zijn oorsprong in een eigen lidmaatschap.

Naarmate de duur van werkloosheid toeneemt zien we dat de financiële vrijheid afneemt. Dit zorgt op zijn beurt voor een verlies aan mobiliteit. Hierdoor worden sommige personen in een positie van sociaal isolement gemanoeuvreerd waaruit je vaak moeilijk kunt ontsnappen. Hoe langer je werkloos bent, hoe groter de afstand tot de arbeidsmarkt en hoe zwaarder het gewicht van stress en moedeloosheid gaat wegen.

Het zelfvertrouwen is vaak het eerste slachtoffer. Het kan zelfs een ware slijtageslag ondergaan tijdens een lange periode van werkloosheid. Het slijtende effect van sociaal-maatschappelijke conditionering op het zelfbeeld kan tevens een zeer destructieve werking hebben. Het kan zich dan ook manifesteren in de vorm van psychische of psychosomatische problemen.

Bij het bemachtigen van een arbeidsplaats is vaak een succesfactor betrokken. In dit handboek reik ik methoden aan die jou als lezer in staat stellen om deze succesfactor te vergroten. In de huidige jungle van sollicitatietrainingen, -handboeken en het brede scala aan intermediairs, word je voornamelijk geconfronteerd met een standaardkader van aandachtspunten. Vaak krijg je als werkloze dan ook enkel te maken met het opstellen van de perfecte sollicitatiebrief, het juiste CV, het belang van netwerken en persoonlijke profilering. Terwijl er zich buiten deze facetten nog een hele grote schil aan aandachtspunten bevindt. Een schil die helaas vaak onderbelicht blijft maar wel een belangrijke rol vervult in het sollicitatieproces. Naast het standaardkader probeer ik deze schil dan ook uitvoerig te belichten, waarin ik deels vanuit mijn eigen perspectief reflecteer maar ook zaken objectief aan de tand voel.

Gedurende mijn werkloosheid werd ik helaas ook geconfronteerd met situaties die mij deden twijfelen over de objectiviteit en de professionaliteit van de hedendaagse werving en selectie. Ondanks dat dit boek gericht is op werkzoekenden, wil ik ook het intermediair aanmoedigen om het te lezen. Iedereen die acteert als medium tussen werknemer en werkgever kan er namelijk de nodige wijsheid uit halen. Hoe beter men zich kan verplaatsen in elkaars situatie, hoe beter men elkaar tenslotte kan helpen.

Misschien zijn er nog zaken die ik over het hoofd heb gezien en die je als lezer toch belangrijk vindt om er kennis van te nemen. Ik beschouw het dan ook als mijn opdracht om jou te ondersteunen bij je arbeidsmarktintegratie. Met jouw hulp ben ik dan ook in staat om dit handboek te verbeteren waardoor ook toekomstige toetreders geholpen kunnen worden. Ik ben dan ook zeer benieuwd naar hoe je dit handboek zult ervaren en of het uiteindelijk een positieve bijdrage heeft geleverd aan het vinden van een passende werkplek.

Rest mij je veel succes te wensen in je zoektocht naar een passende baan. Dat geluk je mag begeleiden en dat dit handboek jouw eerste stappen moge versnellen.

# 1.
De arbeidsmarkt

Vooraf denk ik dat het verstandig is om je eerst goed te oriënteren. Je bent werkloos en bevind je nu op de arbeidsmarkt. Maar wat is nu precies de arbeidsmarkt?

De arbeidsmarkt is de plaats waar vraag naar en aanbod van arbeidskracht bij elkaar komen. In de meeste gevallen is dit geen tastbare plaats en we spreken dan ook over een abstracte markt. Uiteraard zijn er uitzonderingen zoals een speed date of een ontmoeting bij een netwerkbijeenkomst. Hier kunnen de werkgever en de werknemer elkaar namelijk wel in levende lijve ontmoeten.

Zoals het woord 'arbeidsmarkt' al impliceert, wordt er op de arbeidsmarkt arbeidsvermogen aangeboden. Arbeidsvermogen of arbeidskracht is de mogelijkheid om werk te verrichten. Om de aangeboden arbeidskracht te vertalen naar concrete arbeidsprestaties, verkrijgt de werkgever een zekere beschikkingsmacht over de werknemer. Beschikkingsmacht betekent dat de werkgever controle kan uitoefenen op de arbeidskracht. Deze beschikkingsmacht wordt door middel van huur gecompenseerd. Met andere woorden, je krijgt er iets voor terug. Namelijk het salaris dat je als werknemer ontvangt.

De arbeidsmarkt heeft twee specifieke functies. Ten eerste wordt er op de arbeidsmarkt een prijs tot stand gebracht. Deze prijs is het salaris dat de werkgever bereid is om aan de werknemer te betalen. Ten tweede is er ook sprake van allocatie. Allocatie is de daadwerkelijke verdeling van de aangeboden arbeidscapaciteit.

De verhouding tussen de werkgever en de werknemer

We gaan het onderhandelingsproces tussen beide partijen eens wat nader bekijken. Zowel de werkgever en de werknemer acteren beide zelfstandig op de arbeidsmarkt. We zien echter al snel dat de werkgever bij het opstellen van de arbeidsvoorwaarden een dominante positie heeft ten opzichte van de werknemer. De werkgever heeft het dan ook vaak voor het zeggen en de werknemer kan dan ook meestal geen invloed uitoefenen op de gestelde arbeidsvoorwaarden.

Als de werknemer daarentegen beschikt over uitzonderlijke vermogens of specifieke specialisaties, dan kan het zijn dat juist de werkgever zich zal schikken. Je begrijpt dat dit laatste in de praktijk minder vaak voorkomt. Meestal bestaat er voor de werknemer geen enkele keus en zal men vanuit economische motieven gedwongen worden om het contract aan te gaan.

De ruime arbeidsmarkt

Een ruime arbeidsmarkt suggereert dat de banen voor het oprapen liggen. Niets is helaas minder waar. Men spreekt namelijk van een ruime arbeidsmarkt als het aanbod aan arbeidskracht groter is dan de werkelijke vraag naar arbeidskracht. Het betreft dus eigenlijk een aanbodsoverschot. Dit is een zeer ongunstige situatie voor de werkloze. De concurrentie zal in een dergelijk klimaat moordend zijn en de werkgever zal in de gelegenheid worden gesteld om het onderste uit de kan te halen.

Deze situatie treedt vooral op binnen een zogenaamde laagconjunctuur. Dit is een periode van economisch verval zoals een recessie. Als er namelijk minder producten en diensten worden afgenomen, wordt er automatisch ook minder arbeid verricht. We zien dat veel werkgevers hier tegenwoordig tactisch op inspelen. Zo houden werkgevers bijvoorbeeld voor een bepaalde tijd een interne arbeidsreserve aan. Dit betekent dat men intern voldoende arbeidskracht beschikbaar houdt voor het geval de vraag naar hun product of dienst weer toeneemt. Blijft de laagconjunctuur echter in stand, dan zal de werkgever deze arbeidsreserve niet langer meer kunnen waarborgen. Dergelijke situaties leiden dan ook vaak tot gedwongen ontslagen. De werkloosheid die hieruit ontstaat wordt ook wel conjuncturele werkloosheid genoemd.

Ook hoge loonkosten kunnen een werkgever ertoe dwingen om meer te investeren in minder arbeidsintensieve productiemethoden. Dit zijn productiemethoden waarbij minder gebruikgemaakt hoeft te worden van menselijke arbeidskracht. Men kan er bijvoorbeeld voor kiezen om meer te investeren in het gebruik van machines en andere kapitaalgoederen. Hoe hoger de mate van automatisering, hoe meer de werknemer van de werkvloer zal worden verdrongen. Men noemt het vervangen van arbeid door machines en andere kapitaalgoederen ook wel substitutie.

Een werkgever kan er ook voor kiezen om de productie te verplaatsen naar zogenaamde lagelonenlanden. Hierdoor kan de gewenste productiecapaciteit gehandhaafd blijven terwijl de loonkosten drastisch gereduceerd kunnen worden. Voor de grote industrieën is dit een zeer populaire strategie. Tenslotte kan er ook werkloosheid ontstaan doordat er juist geen voldoende productiecapaciteit aanwezig is om de benodigde goederen of diensten te produceren. De werkloosheid die hieruit ontstaat wordt ook wel structurele werkloosheid genoemd.

De krappe arbeidsmarkt

Als er sprake is van een krappe arbeidsmarkt, dan is de vraag naar arbeid groter dan het aanbod aan arbeidskracht. Voor de werkzoekende

is dit meestal de meest wenselijke situatie. Afhankelijk van de opgedane werkervaring en de behaalde kwalificaties, kan het zelfs zo zijn dat je het als werkzoekende voor het uitkiezen hebt. Ook de werkgever zal in een dergelijke situatie sneller bereid zijn om concessies te doen. Men zal door de behoefte aan arbeidskracht sneller gedwongen zijn om zich meer aan te passen aan de wensen van een werknemer.

Op een krappe arbeidsmarkt zullen veel werkgevers dan ook blijven zitten met openstaande vacatures. Als de werkgever hier op tijd op inspeelt, kan men de benodigde arbeidscapaciteit tijdelijk opvangen door de aanwezige werknemers te laten overwerken. Ook kunnen er werknemers uit andere regio's of zelfs andere landen aangetrokken worden.

Het ontstaan van een krappe arbeidsmarkt gaat hand in hand met een verhoogde welvaart voor de werknemer. Vanuit dit welvaartsmotief zien we dat veel personen die voorheen geen werk aanboden dit opeens wel gaan doen. Daarnaast constateren we dat ook ouderen sneller de keuze zullen maken om te herintreden. Ook zien we dat jongeren geneigd zijn hun opleiding eerder af te ronden om daarmee sneller aan de slag te kunnen gaan. Tevens zien we dat aanbieders van arbeid uit andere streken zich gaan vestigen waar het werk zich concentreert.

Een krappe arbeidsmarkt is meestal het gevolg van een zogenaamde hoogconjunctuur. Een economisch klimaat waarbij iedereen veel te besteden heeft. Deze overbesteding leidt naar de behoefte om meer te produceren. Momenteel verwacht men dat er veel krapte op de arbeidsmarkt zal ontstaan vanwege de vergrijzing. Vergrijzing betekent dat het aandeel van ouderen in de bevolking stijgt. Dit zijn overigens ook ouderen die op den duur zullen uittreden waardoor er veel arbeidsplaatsen zullen vrijkomen.

Kwalitatieve en kwantitatieve aansluitingsproblematiek

Als vraag en aanbod niet goed op elkaar zijn afgestemd, spreken we van een aansluitingsprobleem. Aansluitingsproblematiek kent twee verschijningsvormen. Men spreekt bijvoorbeeld over een kwalitatief aansluitingsprobleem als er een onbalans ontstaat in de kwaliteit van de aangeboden en de gevraagde arbeid. Zo kan het bijvoorbeeld zijn dat men binnen een regio dringend op zoek is naar HBO-afgestudeerden en academici, terwijl de lokale arbeidsmarkt juist verzadigd is met werknemers met MBO-niveau. Hierbij sluit de kwaliteit van de aangeboden arbeidskracht dus niet aan op de vraag van de werkgever.

Daarnaast kennen we ook kwantitatieve aansluitingsproblematiek. Men spreekt over kwantitatieve aansluitingsproblematiek als er een onbalans ontstaat in de aantallen beschikbare werknemers. Dit gebeurt bijvoorbeeld als een lokale producent ervoor kiest om zijn productie naar een lagelonenland te verplaatsen. Hierdoor zullen veel mensen met een bepaald specialisme opeens op straat staan. Deze mensen moeten dan weer op zoek naar een nieuwe baan in een regio waar niet of nauwelijks behoefte is aan hun expertise. Hierbij sluit de kwantiteit van de aangeboden arbeidskracht dus niet aan op de vraag van de werkgever.

Afstand tot de arbeidsmarkt

De afstand tot de arbeidsmarkt wordt bepaald door de duur van je werkloosheid. Hoe langer je dus werkloos bent, hoe groter de afstand tot de arbeidsmarkt. De groep mensen met een afstand tot de arbeidsmarkt is de laatste jaren sterk toegenomen.

We spreken in dezen vooral over arbeidsgehandicapten, vroegtijdige schoolverlaters, herintredende vrouwen, mensen in de bijstand en ook ouderen.

Maar waarom is die afstand tot de arbeidsmarkt nu zo bepalend voor je slagingskans bij het vinden van een nieuwe baan? Veel werkgevers zijn er namelijk van overtuigd dat jouw afstand tot de arbeidsmarkt in directe verhouding staat tot het verlies van expertise, aanpassingsvermogen en motivatie. Men denkt dus dat hoe langer je werkloos bent, hoe minder waarde je hebt als werknemer.

Als je een baan verliest, zal je na dit verlies misschien wat minder gemotiveerd zijn om weer direct aan de slag te gaan. Meestal gebruik je deze tijd om de batterij weer op te laden en om de eigen behoeften eens kritisch te evalueren. Daar is niets mis mee, het gaat tenslotte om je toekomst. Let wel dat hoe langer je hier de tijd voor neemt, hoe meer de afstand tot de arbeidsmarkt groeit.

In de praktijk is het de werkloze werkzoekende die vaak meer gedreven is dan de persoon die vanuit een werkende positie solliciteert. De paradox is echter dat deze laatste groep vaak de voorkeur geniet op de arbeidsmarkt. Het hebben van een baan biedt voor een werkzoekende dan ook veel meer perspectief. Hoe korter de duur van werkloosheid, hoe groter de voorkeur van de werkgever. Een fenomeen dat ik in het verloop van dit boek uitvoerig zal belichten.

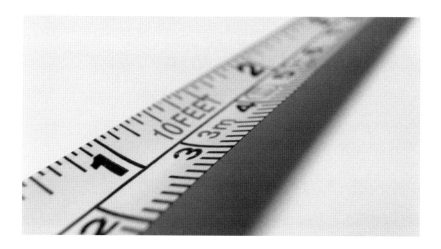

In onze huidige maatschappij vormt het voor veel mensen een hoge drempel om aan te geven dat men werkloos is. Je voelt je door sociaal-maatschappelijke conditionering vaak van minder betekenis. Je krijgt al snel het gevoel dat je niet meetelt. Hierdoor ontstaat het beeld dat er in onze maatschappij steeds minder ruimte bestaat om werkloos te zijn. In essentie is het overigens het economische klimaat dat verantwoordelijk is voor de daling van arbeidsvraag. Het zijn dus economische ontwikkelingen waar je je als individu nauwelijks tegen kunt wapenen.

2. Curriculum Vitae & Personalia

Zoals ik al in mijn voorwoord schreef, word je bij vrijwel alle sollicitatietrainingen, handboeken en intermediairs geconfronteerd met een standaard kader van aandachtspunten. Dit kader bestaat uit het opstellen van de sollicitatiebrief en het CV, effectief netwerken en persoonlijke (online) profilering. Uiteraard is dit kader van fundamenteel belang, maar er bevinden zich buiten deze facetten nog heel veel andere aandachtspunten. Die blijven helaas vaak onderbelicht, terwijl ze wel een belangrijke rol spelen in jouw integratieproces. Voordat ik begin met het in kaart brengen van deze aspecten zal ik eerst het fundamentele kader behandelen. Om succesvol te solliciteren moet je natuurlijk eerst de basis beheersen.

Het Curriculum Vitae

Te beginnen met het Curriculum Vitae, afgekort het CV. In essentie is dit je visitekaartje. Curriculum Vitae is Latijn en betekent levensloop. Het is de formele beschrijving van je behaalde kwalificaties, je opgedane werkervaring en je verworven competenties.

Tegenwoordig is het 'pimpen' van het CV vooral voor starters op de arbeidsmarkt een ware trend geworden. Om zichzelf van de ander te onderscheiden, en snel de aandacht van de recruiter te trekken, kiest men voor flamboyante kleuren, moderne kaders en onconventionele lay-outs. Wat vaak vergeten wordt, is dat dit niet altijd past bij de normen die gangbaar zijn binnen een bepaald vakgebied. Je bent bijvoorbeeld net afgestudeerd van een grafische opleiding en solliciteert bij een reclamebureau. Om jezelf goed te profileren is het nu verstandig om de lay-out van je CV luchtig te houden. Daarnaast is het belangrijk dat je jouw grafische vaardigheden laat zien in het CV. Het gebruik van flamboyante kleuren, moderne kaders en onconventionele lay-outs zal nu juist goed in de smaak vallen. Als je daarentegen als starter gaat solliciteren bij een juridisch adviesbureau, doe je er juist wijs aan om flamboyante kleuren en dergelijke te vermijden. Als je nu bijvoorbeeld kiest voor een formele lay-out met een klassieke paginaomlijsting, zal je beter uit de verf komen.

De meningen met betrekking tot het opstellen van een CV lopen nogal uiteen. Er bestaat dan ook niet zoiets als één uniforme benadering. Als je op zoek gaat naar hoe je het beste een CV kunt opstellen, zul je waarschijnlijk al snel verdwalen in de jungle die je op het internet tegenkomt.

Uit alle informatie die ik heb mogen verzamelen, tref je onderstaand een top tien. Deze top tien bestaat uit de meest fundamentele richtlijnen. Of je nu een veteraan of een starter bent op de arbeidsmarkt.

1. Beperk je CV tot maximaal twee A4. De eerste pagina is het meest doorslaggevend.
   De meeste recruiters beoordelen je CV namelijk binnen 3 tot 5 seconden. Dit is dus de tijd waarin je CV de aandacht moet afdwingen. Een kort maar krachtig CV is dus noodzaak.

2. Zorg altijd voor een duidelijke en overzichtelijke structuur. Maak gebruik van slechts één tot twee lettertypen. Zelf adviseer ik om het lettertype Calibri of Verdana te gebruiken liefst met lettergrootte 11. Dit zorgt voor een formele en goed leesbare belettering. Het lettertype Times New Roman is uit den boze omdat het te conservatief is. Ook speelse lettertypen zoals Comic Sans dienen vermeden te worden. Als je gebruikmaakt van kadertitels zou je die bijvoorbeeld in 'Bold' kunnen benadrukken. Door een effectief gebruik van kopjes is kan je CV bovendien snel gescreend worden.

3. Je kunt gebruikmaken van dezelfde steekwoorden als in de vacaturetekst.
   Hierdoor kan een 'match' sneller worden herkend. Als je hiervoor kiest, ben dan wel zorgvuldig en verstuur het juiste CV bij de juiste vacature.

4. Begin als eerst met je personalia. Dit zijn je persoonlijke gegevens. Waak er voor dat je nooit je Burger Service Nummer (BSN) vermeldt of andere persoonsgebonden coderingen. Van enkele recruiters heb ik namelijk vernomen dat veel mensen het BSN op het CV vermelden. Misbruik van het BSN kan daardoor niet uitgesloten worden. Tegenwoordig zijn ook de meningen met betrekking tot het vermelden van de burgerlijke staat verdeeld. Je dient dus zelf te bepalen of je het waard vindt om dit te vermelden. Als je actief gebruikmaakt van LinkedIn is het verstandig om een werkende link bij je personalia te vermelden.

Vervolgens noem je de laatst gevolgde opleidingen en eventuele cursussen. Achtereenvolgens vermeld je de verworven ICT-vaardigheden en je taalcompetenties. Door deze benadering te hanteren, zijn zowel je kwalificaties en je competenties in één oogopslag zichtbaar. Let wel dat ook bij deze benadering de meningen sterk verdeeld zijn. Menig recruiter ziet na de personalia namelijk liever direct de opgedane werkervaring. Ga dan ook op je intuïtie af en kies de benadering waarvan jij denkt dat je er goed mee voor de dag komt.

Bij het vermelden van je werkervaring benadruk je de laatste 10 jaar en werk je altijd in chronologische volgorde, dus vanuit het heden naar het verleden.

5. Voeg je foto toe. Vooral voor functies binnen het publieke domein of in de commercie is dit een sterke aanrader. Als richtlijn kun je aanhouden dat hoe directer het klantencontact, hoe belangrijker het gebruik van een foto wordt. Daarnaast geldt ook dat hoe professioneler de functie, hoe professioneler je foto er uit dient te zien. Vermijd vakantiefoto's of foto's met vrienden en familie. Kies altijd voor een goede portretfoto.

6. Stem het CV af op de normen die gangbaar zijn binnen een

bepaald vakgebied. Je bent afgestudeerd van een grafische opleiding en solliciteert bij een reclamebureau. Nu is het verstandig om je grafische vaardigheden te laten zien in het CV. Het gebruik van kleuren, moderne kaders en onconventionele lay-outs zal nu juist goed in de smaak vallen. Als je gaat solliciteren bij een juridisch advies bureau doe je er juist wijs aan om kleuren en dergelijke te vermijden. Als je nu bijvoorbeeld kiest voor een formele lay-out met een klassieke paginaomlijsting, zal je beter uit de verf komen.

7. Als je op internationaal niveau wilt opereren, dan is het verstandig om je CV zowel in het Engels als in de taal van het land waarvoor je het meest zult acteren, op te stellen. Adopteer ook het voor die landen geldende CV-format. Dit zijn de CV-normen die gelden voor dat specifieke land. Hiermee laat je, naast je schrijfvermogen, ook zien dat je inzicht hebt in formele culturele diversiteit.

8. Ook kun je ervoor kiezen om je persoonlijke interesses en hobby's op het CV te vermelden. Dit is echter optioneel en de meningen zijn wederom sterk verdeeld. De ene werkgever zal het namelijk prettig vinden om meer inzicht te verkrijgen in je persoonlijkheid. Terwijl het voor een andere werkgever geen toegevoegde waarde lijkt te hebben. Afgaande op het hoge aantal sollicitaties dat men tegenwoordig ontvangt, en de daaruit voortvloeiende 'fast screening', zullen veel recruiters geen aandacht schenken aan je hobby's. Men zal er dan ook voor kiezen om je persoonlijkheid nader onder de loep te nemen tijdens een eventueel sollicitatiegesprek. Zoals ik al aangaf zijn de meningen sterk verdeeld. Een Amerikaanse arbeidsmarktdeskundige, James Citrin, vindt het bijvoorbeeld verstandig om de persoonlijke interesses op de eerste pagina van het CV te vermelden. Met name omdat deze interesses, als ze bijzonder zijn, de lezer zouden kunnen intrigeren. Hierdoor kan de kans om uitgenodigd te worden voor het felbegeerde gesprek toenemen.

9. Als je een LinkedIn-profiel hebt, is het belangrijk dat je CV over-

eenstemt met dat profiel. Als een recruiter besluit om je Linkedin-profiel te bezoeken, zullen afwijkingen al snel argwaan opwekken. Iets wat je altijd moet vermijden. Sommige werkgevers zullen je namelijk onderwerpen aan de zogenaamde 'pre-employment screening' wat betekent dat men de inhoud van je CV op waarheid zal gaan toetsen.

10. Tenslotte dien je het CV altijd in PDF-formaat te verzenden. Hierdoor blijft de opmaak van je CV namelijk gewaarborgd. Daarnaast oogt het ook een stuk professioneler.

De functietitel

De functietitel geeft naast de functie ook de sociale status van een persoon aan. Met andere woorden, welke rol de persoon vervult binnen een organisatie en in het bijzonder in onze maatschappij. In essentie vormt het dan ook een etiket. De beoordeling van jou als kandidaat kan daardoor vertroebeld worden. Dit komt door de verschillen in perceptie die het etiket kan oproepen. In de praktijk komt het vaak voor dat functietitels bij vacatures onderling verschillen, terwijl ze inhoudelijk vaak veel op elkaar lijken. Zo zal de perceptie van een recruiter, met betrekking tot de functietitel 'Customer Service Representative', anders zijn dan de indrukken die de functiebenaming 'Commercieel Medewerker Binnendienst' oproept. Bij Customer Service Representative denk je misschien al snel aan de omgeving van een Call Center, terwijl Commercieel Medewerker Binnendienst sneller de suggestie van een regulier kantoor oproept. Desondanks hoeven beide functies inhoudelijk niet te verschillen. Uiteraard kun je de manier van perceptie beïnvloeden door die naar je

hand te zetten. Zo zou je de functiebenaming van je laatst uitgevoerde functie op je CV kunnen laten matchen met de vacature waarop je reageert. Veel recruiters werken namelijk onder een bepaalde tijdsdruk en zullen daardoor gedwongen worden om op een efficiënte manier kandidaten te screenen. Naast het scannen van andere variabelen zal men dus voornamelijk screenen op relevante functietitels. Dat is tenslotte het makkelijkst. Nadat men een match herkent, zal men pas je verdere historie gaan analyseren. Verander de functiebenaming overigens alleen als beide functies inhoudelijk ook veel op elkaar lijken.

Naast het voordeel van de 'snelle match' brengt deze methode ook enkele nadelen met zich mee. Zo is het niet bepaald efficiënt als je voor iedere vacature een nieuw CV moet opstellen. Al snel zie je door de bomen het bos niet meer. Zo zal ook de tijdsconsumptie van het solliciteren in omvang toenemen. Als je gelijktijdig reageert op diverse vacatures zal de kans op het verzenden van het verkeerde CV al snel op de loer liggen. Je hebt dan ook een goed registratiesysteem nodig om een helder overzicht te behouden. Het 'Template' systeem zou een passende oplossing kunnen bieden en zal ik in het verdere verloop van dit handboek uitgebreid toelichten.

Als beide functies inhoudelijk veel van elkaar verschillen adviseer ik je om je originele functietitel te behouden. Dit hoeft dan ook geen probleem te zijn. Dit heeft namelijk te maken met het perspectief waarmee men het CV benadert. Zo kan de recruiter bij de selectie specifiek de nadruk leggen op gewenste werkervaring, kwalificatie of competentie. Aspecten die door een getrainde recruiter al snel herkend zullen worden óók als de woorden op je CV niet volledig zijn afgestemd op de vacaturetekst.

Voorbeeld CV

Onderstaand tref je mijn eigen CV. Zoals je ziet gebruik ik een vrij conservatief rechttoe-, rechtaan-model.
Een model dat dan ook het beste bij mijn persoonlijkheid past. Voor het markeren van de kaders heb ik gekozen voor de kleur grijs. Afgaande op de kleurenpsychologie zijn mensen met een voorliefde voor de kleur grijs vaak individueel ingesteld. Ze beschikken veelal over een goede beheersing en laten zich dan ook niet snel betrekken bij conflicten. Men is evenwichtig, efficiënt en ingetogen. Daarnaast creëert het gebruik van de kleur grijs meer evenwicht in het CV. Een en ander omdat de achtergrond van mijn portretfoto tevens grijs is. Zoals je ziet ben ik dus vanuit meerdere opzichten dicht bij mezelf gebleven. Kies dan ook voor een lay-out en kleurgebruik die goed aansluiten bij jouw persoonlijkheid.

Ik heb van veel recruiters complimenten mogen ontvangen omtrent de opmaak en de structuur. Afgaande op de expertise van deze deskundigen vertrouw ik erop dat het een goed model is om als leidraad te gebruiken.

Curriculum Vitae

Personalia
Naam:
Geboortedatum:
Geboorteplaats:
Adres:
Postcode/Woonplaats:
GSM:
E-mail:
LinkedIn: Zorg voor een werkende link
Facebook: Idem
Nationaliteit:
Rijbewijs:
Auto:

Start	Eind	Opleiding	Niveau	Diploma	Instituut
2016	2019				
2015	2016				
2010	2014				
1998	2002				
1993	1998				

Start	Eind	Cursus	Instituut
2014	2014		
2015	2015		

ICT
MS Office • • • • •
Filemaker Pro Advanced • • • • •
SAP Netweaver 6.0 • • • • •
Mammut [ERP] • • • • •
Exact Globe • • • • •
SAP 4.7 • • • • •

Taal	Spraak	Schrift	Leesvermogen	Taalniveau
Nederlands				
Engels				
Duits				

Historie

Organisatie: Vermeld de naam van de organisatie
Branche: Vermeld de sector waarin je werkzaam was
Functie: Vermeld de functie waarin je werkzaam was
Locatie: Vermeld de locatie waar je werkzaam was
Periode: Vermeld de periode waarin je werkzaam was
Werkzaamheden: Vermeld de taken waarvoor je verantwoordelijk was

Vervolg in chronologische volgorde. Dus van de meest recente werkervaring naar je historische werkervaring.

Optioneel zou je nog je interesses en hobby's kunnen vermelden.

Interesses: Schrijven | Lezen | Natural Bodybuilding | Jiu-Jitsu | Filosofie & Wetenschap
Online activiteiten: Beheer van: LABOR| Arbeidsmarkt informatie & Sollicitatie advies | Facebook & LinkedIn | Online support voor personen met een afstand tot de arbeidsmarkt

Gaten in het CV

Het kan wel eens voorkomen dat je wegens omstandigheden niet in staat was om gedurende een aaneengesloten periode te werken. Hier kunnen natuurlijk allerlei redenen voor zijn. Misschien heb je langdurige psychische of lichamelijke problemen ervaren. Misschien ben je ondanks je tomeloze inzet langdurig werkloos geweest of heb je die fel-

begeerde wereldreis gemaakt. Een gat in het CV hoeft niet slecht te zijn. Het is uiteraard wel raadzaam om ieder gat zo goed mogelijk te dichten.

Een vacuüm uit een ver verleden (> 5 jaar) hoef je naar mijn mening niet expliciet te onderbouwen. Een werkgever zal zich bij het beoordelen van je CV voornamelijk concentreren op je meest recente werkervaring. Onderbrekingen die daarentegen kenmerkend waren voor de laatste vijf jaar dienen wel onderbouwd te kunnen worden.

Maar hoe kun je een gat in je CV nu het beste dichten? Het meest raadzaam zou zijn om te benoemen hoe 'productief' je bent geweest. Laat zien hoe jij je competenties hebt versterkt en hoe je als persoon daardoor bent verrijkt. Het zijn dan ook je competenties die van belang zijn voor het succesvol uitvoeren van een functie. De taken die je in deze periode hebt uitgevoerd zijn slechts ter illustratie. Het zijn voornamelijk de associaties die deze activiteiten oproepen, die het fundament vormen voor de beeldvorming van een recruiter. Als je bijvoorbeeld vrijwilligerswerk hebt uitgevoerd of een studie hebt gevolgd, dan zal dat een andere associatie teweegbrengen dan dat je je tijd hebt verdreven met het spelen van computerspellen. Als je dus in staat bent om een positieve associatie af te dwingen, hoeft een gat in je CV niet per definitie nadelig te zijn.

Als je daarentegen een langdurige, aaneengesloten periode werkloos bent geweest wegens geestelijke en/of lichamelijke problemen, dan doe je er wijs aan om dit niet expliciet in je CV te vermelden. De negatieve associatie die dit bij sommige recruiters kan oproepen, kan een saboterend effect teweegbrengen. Men kan je historische ziektebeeld namelijk gaan beschouwen als een toekomstige risicofactor. Daardoor kan het zijn dat je al bij voorbaat niet wordt opgenomen in de selectie ondanks dat je misschien beschikt over een naadloos profiel. Als de problemen nog actueel zijn, en van directe invloed kunnen zijn op je functioneren op de werkvloer, dan is het verstandig om dit pas tijdens het sollicitatiegesprek kenbaar te maken. Je bent dan in staat om eventuele vooroordelen, misverstanden en onwetendheid te elimineren. Hoe je dit het beste aan kunt pakken, zal ik in het verdere verloop van dit handboek uitgebreid toelichten.

Een andere 'faux pas' of ongeschreven regel luidt dat je een ontslag nooit vermeld op je CV. Vermeld dan ook slechts de specifieke einddatum of eindmaand. Mijn voorkeur gaat uit naar het benoemen van dat laatste. Wederom geldt hier de richtlijn dat je pas tijdens het sollicitatiegesprek de nodige toelichting geeft als men je hiernaar vraagt. Daarentegen is het verstandig om een wereldreis, een studie, een verhuizing of een andere invloedrijke gebeurtenis altijd op je CV te vermelden.
Je ziet, hoe diep het gat ook is het kan altijd gedicht worden.

Het digitale CV

Tegenwoordig kun je op de meeste vacaturesites en sites van intermediairs een digitaal CV aanmaken. Hierdoor kun je door recruiters en andere scouts al snel gevonden worden.

Als je er dus voor kiest om een online profiel achter te laten, zorg er dan voor dat je profiel zo actueel mogelijk is. Het is dan ook verstandig om al je online profielen periodiek te controleren zodat je eventuele wijzigingen direct kunt aanpassen. Zo heeft een potentieel werkgever altijd een duidelijk en actueel beeld van jou als kandidaat. Kies overigens altijd voor sites die passen bij je werkgebied en probeer je profiel op zoveel mogelijk van deze sites achter te laten. Zo kan er namelijk sneller een match totstandgebracht worden.

De laatste jaren bevinden recruiters zich overigens steeds meer op LinkedIn. Ook als je solliciteert via een bedrijfspagina, zien we dat er steeds vaker word gevraagd naar je LinkedIn-profiel. Zorg er dan ook voor dat je profiel up to date is.

De CV-robot

Tegenwoordig komt het steeds vaker voor dat een organisatie ervoor kiest om een CV-robot te installeren. Een CV-robot is een computer die specifiek is geprogrammeerd om steekwoorden te filteren uit een CV. De eerste selectie wordt dan dus gemaakt door een computer.

Vooral de grote, gerenommeerde organisaties zijn populair onder de werkzoekenden. Deze organisaties ontvangen dan ook veel sollicitaties zodra ze een vacature plaatsen. Het handmatig filteren van stapels brieven en CV's kan een arbeidsintensief proces zijn. Het kost veel tijd en daarnaast veel geld. Als het installeren van een CV-robot minder kost dan de loonkosten gerelateerd aan het handmatig filteren, en daarnaast een aanzienlijke tijdwinst oplevert, zal een organisatie er al snel voor kiezen om een CV-robot te installeren. Het zijn dus voornamelijk economische motieven waardoor organisaties tot de aanschaf van een CV-robot besluiten. Logischerwijs zien we dat de CV-robot sneller gekocht wordt door grote, kapitaalkrachtige organisaties dan door kleine familiebedrijven.

Uiteraard bestaat er een manier om de CV-robot te slim af te zijn. Het is dan ook de kunst om door de eerste selectie heen te komen. Daarna zal je CV namelijk weer bekeken worden door mensenogen. Bij de menselijke beoordeling gelden uiteraard weer de normale kaders en kun je je weer op andere manieren onderscheiden. Een mogelijke oplossing zou zijn om je CV volledig af te stemmen op de vacaturetekst door dezelfde steekwoorden te kopiëren. In dit CV benoem je uiteraard ook je gevolgde opleidingen, je specifieke werkervaring en je verworven competenties. Als je denkt dat je CV door een robot wordt gescreend, kies dan dus altijd voor een CV dat volledig is afgestemd op de vacature. Ook als je slechts één bijlage mag meezenden, lijkt dit de veiligste optie. Uiteraard kun je ook contact opnemen met de betreffende organisatie. Men zal je misschien inzage geven in de sollicitatieprocedure en daarnaast sta je wellicht wat langer op het netvlies.

Nogmaals wil ik benadrukken dat de geautomatiseerde CV-filtering nog bezig is met zijn intrede. Er zijn momenteel dan ook maar weinig organisaties die de eerste selectie volledig toevertrouwen aan een CV-robot.

De vraag naar aantoonbare ervaring

Veel werkgevers zullen een uitgesproken voorkeur hebben voor kandidaten die beschikken over aantoonbare ervaring. Je reageert bijvoorbeeld op een vacature voor Team Coach. Ondanks dat je niet beschikt over leidinggevende ervaring heb je wel alle competenties in huis. Je ontvangt helaas een afwijzing. Het motief luidt dat men twijfelt over je leidinggevende en coachende capaciteiten. Afgaande op het functieprofiel heeft men dan ook gekozen voor kandidaten die aantoonbaar over de gewenste ervaring beschikten.

Deze aantoonbaarheid bestaat uit een combinatie van opgedane werkervaring, behaalde kwalificaties en competenties. Afhankelijk van de recruiter, zal het één uiteraard wat zwaarder wegen dan het ander. Competenties zijn een geïntegreerd geheel van kennis, inzicht en vaardigheden. Het is het vermogen om taken die essentieel zijn voor de functie zorgvuldig uit te voeren. Veelal zijn dit vaardigheden die van nature al aanwezig zijn en verder ontwikkeld kunnen worden. Als je van origine dus niet over bepaalde vaardigheden beschikt, kunnen deze ook niet tot grotere hoogten worden ontwikkeld. Je bent dan ook een geboren docent of hebt van nature de autoriteit die nodig is voor een politieagent.

Een recruiter kan de geschiktheid van een kandidaat bij de voorselectie alleen toetsen door middel van het ingezonden CV. Het kunnen aantonen van werkervaring en behaalde kwalificaties, geeft blijk van de mate waarin competenties beheerst worden. Voor de starter op de arbeidsmarkt is dit een paradoxaal fenomeen. Je hebt namelijk nog geen werkervaring opgedaan en komt daardoor niet in aanmerking voor een baan bij een werkgever die belang hecht aan aantoonbare ervaring. Hierdoor kan de kandidaat helaas geen werkervaring opdoen en wordt hij door de vicieuze cirkel gegijzeld. Je hebt werkervaring nodig om een baan te bemachtigen terwijl je een baan nodig hebt om überhaupt werkervaring op te kunnen doen. Het is dan ook jammer dat je zonder aantoonbare ervaring vaak niet in de gelegenheid wordt gesteld om de aanwezige competenties verder te ontwikkelen. Veel talent blijft hierdoor verborgen en zelfs totaal onbenut.

Als je niet over de gewenste aantoonbare ervaring beschikt, maar daarentegen wel over soortgelijke ervaring uit het verenigingsleven of vrijwilligerswerk, dan dien je dit aan te dragen. Als je helemaal geen beroep kunt doen op werkervaring, maar je daarentegen wel sterk kan identificeren met een vacature, dan zou je kunnen overwegen om je CV lichtelijk te veranderen. Je gaat dan simpelweg economisch met de waarheid om. Door tactisch met je woordkeuze te spelen, ben je in staat om de interpretatie van de ontvangende partij positief te beïnvloeden. Als je de functie namelijk met heel je hart ambieert, heiligt het doel de middelen. Er bestaat dan ook een grote kans dat je de functie zeer bekwaam zult invullen. Hoe dan ook, laat je niet ontmoedigen door een gebrek aan ervaring en probeer de suggestie te wekken dat je wel degelijk over de gewenste capaciteiten beschikt.

De overheersende behoefte naar aantoonbare ervaring wekt bij mij de indruk dat de visie binnen het bedrijfsleven zich voornamelijk concentreert op de korte termijn. Snelle en efficiënte inzetbaarheid wegen veel zwaarder dan investeren in training, begeleiding en scholing. Dit is contra-intuïtief. Organisaties die er voor kiezen om ongecultiveerd talent aan te trekken, ontvangen veel meer loyaliteit van hun werknemers. Dit biedt op zijn beurt ook meer commerciële kansen. Loyaliteit gaat namelijk hand in hand met betrokkenheid naar de organisatie. De sociale binding binnen een organisatie zorgt op zijn beurt weer voor een versterkte identificatie met de missie en de visie.

Men zal dan ook sneller bereid zijn om een extra stap te zetten of mee te denken over het optimaliseren van bedrijfsprocessen. Dit zal niet alleen een positieve bijdrage leveren aan de bedrijfscultuur maar ook aan de continuïteit van de organisatie.

Kwalificatie versus competentie

Een ruime arbeidsmarkt, dat wil zeggen een arbeidsmarkt waar de expertise voor het oprapen ligt, kan als bijproduct hebben dat een vacature honderden reacties kan afdwingen. Tegenwoordig is het dan ook niet vreemd dat een recruiter bedolven raakt onder een tsunami van reacties. De selectiecriteria zullen in deze context dan ook zeer strikt nageleefd worden. Iedere reactie die ook maar een beetje afwijkt van het gewenste profiel zal direct geëlimineerd worden.

Als je inzicht hebt in de ontwikkelingen op de arbeidsmarkt, ontstaat al snel het vermogen om prognoses te schetsen. Intuïtief zul je steeds nauwkeuriger verwachtingen kunnen schetsen omtrent het aantal sollicitanten dat op een vacature zal reageren. Hoe hoger de gewenste mate van specialisatie, hoe minder sollicitanten een vacature zal aantrekken en vice versa. Net zoals bij de CV-robot kun je hier op inspelen door sleutelwoorden uit de vacaturetekst te kopiëren naar je CV. Zo zal men tijdens het screenen van je CV snel een symmetrie kunnen herkennen. Ook kun je inschatten of je sollicitatie overwegend kwalificatie- of competentiegericht benaderd zal worden.

Bij HBO- of hogere functies zal er bijvoorbeeld verlangd worden dat de kandidaat beschikt over probleemoplossende vermogens. Men moet als kandidaat in staat zijn om problemen te signaleren, informatie over het probleem te verzamelen en door middel van analyse tot een oplossing te komen. In deze context zijn het naast de competenties ook de behaalde kwalificaties die een belangrijke rol spelen bij de selectie. Probeer dit dan ook goed te benadrukken in je CV.

Bij MBO- en lager geschaalde functies zijn deze vaardigheden vaak van ondergeschikt belang. Meestal zijn deze functies dan ook operationeel oftewel uitvoerend van aard. In deze context zullen voornamelijk je competenties een belangrijke rol spelen. Benadruk deze dan ook in je CV.

Ook kan het voorkomen dat een werkgever een specifieke opleiding als een harde eis beschouwd. Als je niet over deze kwalificaties beschikt, dan zullen je competenties dit helaas niet compenseren. Stelt men echter geen specifieke opleidingseis, en beschikt je over vergelijkbare kwalificaties, dan maakt je uiteraard een goede kans.

Referenties

Soms komt het voor dat een werkgever je vraagt om referenties op te geven. De motivatie van deze vraag berust op het verkrijgen van werkgeversperspectief. Met andere woorden, hoe heeft jouw voormalige werkgever je dienstverband ervaren. Uiteraard dien je ervoor te zorgen dat de door jouw verstrekte referenties ook daadwerkelijk een goed woordje voor je zullen doen. Of je nu wegens onvoorziene omstandigheden je baan kwijt raakt, of er misschien zelf voor kiest om een nieuwe baan te zoeken, informeer je referenten dat zij benaderd kunnen worden. Ook zou je een script met je referenten kunnen bespreken. Dit houdt in dat je samen afspreekt wat er over je gezegd zal worden.

Daarnaast adviseer ik je om referenties nooit zelf aan te bieden of in je CV te vermelden. Dit kan namelijk de suggestie van overtuigingsdrang opwekken. Een ietwat dwingende indruk die je altijd moet zien te vermijden. Geef je referenties dan ook alleen wanneer een werkgever daarnaar vraagt. Ook dien je niet terughoudend te zijn als men je naar je referenties vraagt. Je terughoudendheid kan namelijk achterdocht opwekken. Men denkt dat je misschien zelfs iets te verbergen hebt. Dit kan op zijn beurt weer een saboterend effect hebben op je slagingskans. De meningen over het aantal op te geven referenties zullen onderling verschillen. Zelf hanteer ik een model waarbij ik enkel de contactgegevens van mijn laatste vier werkgevers specificeer. Je meest recente arbeidshistorie vormt dan ook het meest actuele referentiekader voor een potentiele werkgever.

Zorg er daarnaast voor dat je referentielijst qua opmaak een symmetrie vertoont met je CV, zowel inhoudelijk als in het gebruik van het lettertype. Een corresponderende opmaak wekt namelijk een verzorgde indruk. Daarmee heb je al weer een streepje voor.

Getuigschrift

Een getuigschrift is een schriftelijke bevestiging van een voormalig werkgever waarin staat beschreven dat je voor een bepaalde periode in een bepaalde functie werkzaam was. Daarnaast benoemt men de inhoud van je functie en de mate waarin je deze naar tevredenheid hebt ingevuld.

Als alternatief voor het verstrekken van referenties kan er ook een getuigschrift overlegd worden. Het is echter niet gebruikelijk om een getuigschrift mee te zenden met je sollicitatie. Dit kan namelijk de suggestie van overtuigingsdrang opwekken. De vraag naar een getuigschrift zal hoogstwaarschijnlijk pas tijdens het interview worden gesteld. In de praktijk zien we overigens dat deze vraag niet of nauwelijks wordt gesteld. Een en ander omdat men weet dat het getuigschrift misschien is afgedwongen of in het ergste geval is vervalst. Referenties lijken dan ook aantrekkelijker dan een getuigschrift. Menig recruiter zal dan ook een voorkeur hebben voor het nabellen van referenties. Men zal een persoonlijk gesprek met een werkgever dan ook als geloofwaardiger beschouwen.

Als je over getuigschriften beschikt, dan doe je er altijd wijs aan om deze tijdens het sollicitatiegesprek bij je te hebben. Als je een positieve indruk maakt op je interviewer, dan kan het getuigschrift deze indruk namelijk verankeren. Ook adviseer ik je om getuigschriften digitaal te scannen zodat deze digitaal bewaard en verstuurd kunnen worden. Zo ben je altijd in staat om ze direct te mailen als een werkgever of een uitzendbureau daarnaar vraagt.

Tevens adviseer ik je om digitale scans van getuigschriften en andere aanbevelingen toe te voegen aan de samenvatting of de arbeidshistorie van je Linkedin profiel. Dit maakt je profiel namelijk een stuk sterker.

Diploma

Het diploma is het schriftelijke bewijs van een voltooide studie. Ondanks dat men in het bedrijfsleven tegenwoordig zeer kwalificatiegericht is, zal het in de praktijk zelden voorkomen dat men je vraagt naar

een kopie van je diploma. Als ik terugkijk naar mijn eigen carrière heeft men mij deze vraag slechts één keer gesteld. Verbazingwekkend als ik er aan terugdenk. Menig recruiter lijkt er dan ook op te vertrouwen dat de op het CV vermelde diploma's ook daadwerkelijk behaald zijn.

Uiteraard dienen de op je CV vermelde kwalificaties ook daadwerkelijk behaald te zijn. Mocht men je namelijk vragen naar een bepaald diploma, en je bent niet in staat om dat te produceren, dan val je natuurlijk al snel door de mand.

Tegenwoordig zien we steeds vaker dat een werkgever in de vacaturetekst vermelding maakt van gewenste kwalificaties of de bereidheid om deze kwalificaties te behalen. Als je dus niet over de gewenste kwalificaties beschikt, dan maak je nog altijd een goede kans. Je dient dan te benadrukken dat je bereid bent om de gewenste scholing te volgen. Kandidaten die over de gewenste kwalificaties beschikken, zullen in de praktijk wel de voorkeur genieten. Hoe dan ook, als de functie je erg aanspreekt en je bereid bent om de benodigde kwalificaties te behalen, dan dien je altijd te solliciteren. Je weet het tenslotte maar nooit.

3.
Het standaardkader | Solliciteren

De vacatureanalyse

Na lang zoeken heb je eindelijk een vacature gevonden waarmee je je sterk kunt identificeren. Identificatie betekent dat jij je met de vacature kunt vereenzelvigen. Je kunt jezelf herkennen in het profiel. Het kunnen identificeren met een vacature is enorm belangrijk. Men is namelijk alleen in staat om hoogstaand werk te verrichten, als men hierin een natuurlijk enthousiasme en passie weet uit te dragen.

Stel jezelf dan ook de vraag wat je zou willen doen als geld geen rol zou spelen. Probeer het antwoord vervolgens te vertalen naar een inkomen. Helaas is dit rollenspel niet voor iedereen weggelegd. Veel mensen zullen dan ook een baan aanvaarden om daarmee slechts het felbegeerde inkomen te bemachtigen. Het belang van persoonlijke identificatie kan daarbij sterk overschaduwd worden. Het gevolg is dat je, indien gedreven door de kapitaalimpuls, het werk gaat verwisselen met plezier. Je kunt je inhoudelijk niet identificeren met het werk maar kunt je daarentegen wel identificeren met de 'leuke dingen' die door middel van het salaris bemachtigd kunnen worden. Denk hierbij aan luxe goederen maar ook vakanties en dergelijke. In deze context wordt het werk gereduceerd tot een instrument om bevrediging te bemachtigen en die wordt op zijn beurt dan ook weer verheerlijkt: het ontstaan van een diepgewortelde illusie. In essentie zou er veel minder behoefte ontstaan aan materiële bevrediging, als je je inhoudelijk sterk kon identificeren met het werk. Met andere woorden, als je dus de grootste bevrediging uit het werk zou halen.

Voordat je dus op een vacature reageert, wil ik je op het hart drukken om eerst je mate van persoonlijke identificatie te toetsen. De vacatureanalyse leent zich hier uitstekend voor. Onderstaand treft je een model wat je kunt gebruiken om een vacature te ontleden. Ook kun je dit model gebruiken als voorbereiding op een eventueel interview. Als je alle aspecten in kaart hebt gebracht, en de conclusie hebt getrokken dat de mate van identificatie hoog is, dan begint het daadwerkelijke sollicitatieproces. Stel jezelf gerust. Als de vacature je werkelijk passioneert, zal deze passie zich ook vertalen naar schrift. Een aspect dat door vrijwel iedere recruiter opgemerkt zal worden. In die zin heb je al een streepje voor.

BEDRIJFSGEGEVENS

Naam:	Naam van de organisatie
Adres:	Adres van de organisatie
Postcode:	Postcode van de organisatie
Plaats:	Vestigingsplaats van de organisatie
Telefoonnummer:	Telefoonnummer van de organisatie/ HR-functionaris
E-mail:	E-mail van de organisatie/HR-functionaris
Route:	Bepaal de meest efficiënte route die je kunt nemen en elimineer eventuele obstakels

ORGANISATIE

Historie:	Ontstaanshistorie van de organisatie
Karakter:	Betreft het een profit- of een non-profitorganisatie?
Cultuur:	Welke bedrijfscultuur heerst er binnen de organisatie?
Organisatiegrootte:	Hoeveel werknemers heeft de organisatie?
Vestigingen/Divisies:	Hoeveel vestigingen en/of divisies zijn aanwezig? Hoe zijn deze verspreid? Wat zijn de kernactiviteiten van deze vestigingen en/of divisies?
Productenportfolio:	Welke producten worden verkocht dan wel geproduceerd?
Dienstenportfolio:	Welke diensten worden aangeboden?
Marktactiviteiten:	Binnen welke markt(en) is men actief?
Marktpositie:	Welke positie claimt men op de markt (bijv. marktleider)?
Visie & Missie:	Kun jij je identificeren met de visie en de missie van het bedrijf?
Actualiteiten/Nieuws:	Actualiteiten en nieuwsberichten omtrent de organisatie

VACATURE

Taken & verantwoordelijkheden:	Wat zijn de taken en verantwoordelijkheden binnen de betreffende positie? Benoem ook de primaire taken
Hiërarchie:	Aan wie dien je verantwoording af te leggen?
Kandidaatprofiel:	Wat zijn de gewenste competenties en kwalificaties?
Identificatie:	Waarom kun jij je identificeren met de organisatie/vacature?
Interne analyse:	Over welke gewenste competenties beschik je, zowel in zwakke als in sterke mate? Het Kernkwaliteiten Kwadrant kan hierbij een

effectief instrument zijn. Het toepassen van het kwadrant zal ik in het hoofdstuk 'Gezondheid' toelichten

ARBEIDSVOORWAARDEN

Contract:	Betreft het een contract voor (on)bepaalde tijd, projectbasis e.d.?
Salaris:	Wat is de hoogte van het salaris en is deze norm voor jou acceptabel?
Secundaire arbeidsvoorwaarden:	Hoe luidden de secundaire arbeidsvoorwaarden en kun jij je hiermee identificeren?
CAO:	Is er een CAO aanwezig?
Ontwikkeling & begeleiding:	Geeft men je de mogelijkheid om door te groeien door middel van opleidingen, trainingen en carrièremogelijkheden? Zal men je zorgvuldig inwerken?

Het kan zijn dat je geen inzicht kunt krijgen in de arbeidsvoorwaarden van de betreffende werkgever. Als dat het geval is kun je bijvoorbeeld via diverse vacaturesites vergelijkbare vacatures bij vergelijkbare organisaties opvragen. Dit zal je een soortgelijk beeld geven. Ook bieden bepaalde internetsites inzicht in de salariëring van diverse functiegroepen. Dat wil zeggen dat ze inzicht geven over wat men in een bepaalde functiegroep kan verdienen aan salaris. Als je vragen hebt over de financiële gesteldheid van de betreffende organisatie, kun je ook gegevens opvragen bij de Kamer van Koophandel of kun je jaarverslagen opvragen.

Om je nog beter te helpen, heb ik het bovenstaande model geautomatiseerd. Dit model kun je gratis downloaden via mijn Facebook groep genaamd 'LABOR | Arbeidsmarktinformatie & Sollicitatie advies'. In dit model tref je een hele reeks aan criteria. Deze criteria zijn allemaal van invloed op je slagingskans om uitgenodigd te worden voor dat felbegeerde sollicitatiegesprek. Hoe meer punten je scoort, hoe hoger de kans om uitgenodigd te worden voor een gesprek. Na enkele minuten weet je dus precies of het voor jou lonend is om te solliciteren. De analyse onthult tevens waar alle frictievelden schuilgaan. Zo ben je ook in staat om je te wapenen voor de toekomst. Laat me weten wat je ervan vindt.

I + Os = C

Tijdens de vacatureanalyse dien je er ook rekening mee te houden dat het betrekken van een nieuwe baan ook een langetermijngarantie biedt. Je hebt tenslotte geen behoefte om als een recidivist weer terug te keren in de carrousel die werkloosheid heet. Je kunt tijdens de vacatureanalyse dan ook werken met de formule I+Os=C.

De 'I' staat voor 'Identificatie'. Je dient je dan ook te kunnen identificeren met de betreffende vacature en de organisatie. Dit betekent dat je je niet alleen kunt vereenzelvigen, maar dat ook je competenties en kwalificaties aansluiting vinden. Je zult anders nooit in staat zijn om kwalitatief hoogstaand werk te verrichten. Daarnaast zul je zonder persoonlijke identificatie ook niet in staat zijn om het werk langdurig vol te houden. Een oplettende werkgever zal dit dan ook opmerken en zal uiteindelijk ook minder lovend worden omtrent je prestaties. Ook zul je sneller te maken krijgen met gevoelens van frustratie, ontmoediging en demotivatie. Allemaal factoren waardoor je niet in staat zal zijn om de baan langdurig te betrekken.

'Os' staat voor 'Organisatiestabiliteit'. De organisatie waar je solliciteert, moet stabiel zijn qua financiële gesteldheid maar ook qua bedrijfscultuur. Er moet voor jou dan ook een voedingsbodem aanwezig zijn voor eventuele doorgroeimogelijkheden en/of behoud van arbeid.

'C' staat voor 'Continuïteit'. Je kunt je inhoudelijk identificeren met de vacature en de organisatie. Daarnaast biedt de organisatie de benodigde financiële en culturele stabiliteit. Als deze balans aanwezig is, geeft je dit enigszins de garantie van continuïteit, het vermogen om voor de lange termijn werkzaam te blijven.

In de praktijk bestaan er natuurlijk nooit garanties maar sommige zekerheden zijn net iets zekerder dan de ander. Door het bovenstaande te betrekken bij je vacatureanalyse, stel je jezelf in ieder geval zeker van een weloverwogen selectie met een grotere kans op een positief vervolg.

1 | **I | Persoonlijke identificatie**

2 | **Os | Organisatie stabiliteit**

Financiële stabiliteit

- LIQUIDITEIT: De mate waarin een organisatie haar betalingsverplichtingen kan voldoen
- SOLVABILITEIT: De mate waarin een organisatie in staat is om het vreemd vermogen terug te betalen
- RENTABILITEIT: De mate waarin een organisatie winst maakt met het geïnvesteerde kapitaal

Culturele stabiliteit

- De verzameling van normen, waarden en gedragsuitingen die kenmerkend zijn voor de organisatie. Het arbeidsklimaat moet aangenaam zijn om een langdurig dienstverband mogelijk te maken.

+

3 | **C | Continuïteit**

De sollicitatiebrief

In ons huidige arbeidsklimaat ligt de expertise voor het oprapen. De markt is in die zin verzadigd. Het grote aantal kandidaten dat op een vacature reageert, en de 'beknopte' selectiemethoden maken het cruciaal dat je je weet te onderscheiden. Een authentieke benadering beschouw ik zelf als de beste methode. Blijf dus uniek, blijf jezelf.

Wederom zijn de meningen met betrekking tot het schrijven van een sollicitatiebrief sterk verdeeld. Uit alle informatie die ik heb mogen verzamelen, tref je onderstaand de meest fundamentele richtlijnen. Voor het schrijven van een sollicitatiebrief kun je dan ook het beste uitgaan van de volgende indeling.

1. Beschrijf wie je bent en welk pad je al hebt afgelegd.

2. Waar heb je de vacature gevonden? Verwijs naar de betreffende functietitel en de bron waar je de vacature hebt gevonden.

3. Waarom ben jij de meest geschikte persoon voor de baan? Beschrijf de mate waarin je voldoet aan de functie-eisen. Als je niet voldoet aan alle eisen is het belangrijk dat je de gebreken weet te compenseren. Doe dit door het benadrukken van gerelateerde competenties dan wel behaalde kwalificaties.

4. Waarom wil jij bij de betreffende organisatie werken? Waarin schuilt de persoonlijke identificatie? Het identificatieaspect is voor sommige werkgevers nog belangrijker dan het voldoen aan de gestelde functie-eisen. Benadruk dan ook waarom jij je zo sterk kunt vereenzelvigen met de visie en de missie of de producten en de diensten van de organisatie. Een werkgever zal zich namelijk al snel gevleid voelen als de sollicitant zich sterk kan identificeren met de organisatie.

5. Vermeld ter afsluiting dat je bereid bent om verdere raakvlakken toe te lichten in een persoonlijk interview.

Daarnaast dien je ook rekening te houden met andere variabelen die van invloed kunnen zijn op je sollicitatie. Het tijdstip waarop je de sollicitatie verzendt kan bijvoorbeeld van invloed zijn. In deze context zijn meerdere stellingen van toepassing. Zo zou de zondag een geschikte dag zijn om je sollicitatie per e-mail te verzenden. Een en ander omdat je e-mail op maandag direct aandacht ontvangt. Doordat er vrijwel geen zakelijke correspondentie plaatsvindt op zondag valt je e-mail extra op. Daarnaast laat je duidelijk zien dat je bereid bent om je weekend productief te besteden, wat ijverigheid impliceert. Daarentegen is de dinsdag vaak de meest productieve dag van de week. De maandag wordt dan ook vaak gebruikt voor het wegwerken van een back-log maar ook voor het geestelijk opstarten. Men neemt dan ook afscheid van het weekend en stoomt zich geestelijk klaar voor de dagen die volgen. Zelf geef ik de voorkeur om een sollicitatie op een maandag- of een dinsdagochtend te versturen zodat deze in de 'productie' wordt opgenomen.

Ook kun je in je brief naar een ontvangstbevestiging vragen. Door het gevaar van info-adressen en onzorgvuldig beheer, bestaat namelijk altijd het risico dat je sollicitatie niet gelezen wordt. In de praktijk geeft men helaas weinig gehoor aan deze vraag. Waarschijnlijk komt dit doordat de recruiter simpelweg geen tijd heeft om iedere sollicitant een ontvangstbevestiging te sturen. Ook kan je verzoek beschouwd worden als een instructie die op zijn beurt terughoudendheid kan oproepen. De persoon in kwestie heeft het vaak al druk genoeg en heeft dan ook weinig behoefte aan nog meer belasting. Je verzoek kan misschien zelfs enige irritatie oproepen wat op zijn beurt weer een saboterend effect kan hebben op je sollicitatie.

Onderstaand treft je nog meer tips die je kunnen helpen bij het opstellen van een goede sollicitatiebrief.

☛ De lezer dient altijd het uitgangspunt te zijn van je brief. Je dient de contactpersoon dan ook altijd met de juiste naam te benaderen.

☛ Gebruik altijd een computer voor het schrijven van een sollicitatiebrief. Een handgeschreven brief is simpelweg te ouderwets.

☛ Selecteer wederom een duidelijk lettertype (Calibri of Verdana in combinatie met lettergrootte 11). Hanteer daarnaast witregels tussen de alinea's om rust te creëren voor de lezer.

- Vermijd arrogantie en onzekerheid en elimineer woorden die dit impliceren. Vermijd ook het overmatige gebruik van 'Ik' bij de start van een zin.

- Vermijd het gebruik van humor en richt je dan ook specifiek op de vacaturetekst.

- Vermijd clichés zoals: 'Het lijkt mij een uitdaging om voor u te mogen werken.'

- Vermijd het gebruik van afkortingen of 'vakjargon'.

- Vermijd het gebruik van doorlopende zinnen tot een minimum.

- Vermijd het benoemen van ervaringen opgedaan bij voormalig werkgevers.

- In je sollicitatiebrief hoef je niets te vermelden over je gezondheid. Mocht je een langere periode niet werkzaam zijn geweest wegens een ziekte, dan hoeft je dit niet schriftelijk te verklaren. De werkgever kan je tijdens een interview wel vragen stellen over je activiteiten tijdens deze periode. Hoe je om kunt gaan met dergelijke vragen zal ik in een verder hoofdstuk uitgebreid toelichten.

- Ook kun je de brief afsluiten met een zogenaamde 'call to action'. Met een pakkende zin en de vermelding van je telefoonnummer sluit je dan de brief af. Hiermee probeer je de lezer te motiveren om je direct op te bellen voor het maken van een afspraak.

- Lees je brief hardop voordat je hem verstuurt om daarmee de intonatie, grammatica en spelling te controleren. Het taalgebruik dient correct te zijn en de brief dient uiterlijk en inhoudelijk goed verzorgd te zijn.

☞ Nadat je de sollicitatiebrief hebt verzonden, is het verstandig om ook het LinkedIn-profiel van de betreffende HR-functionaris of recruiter te bezoeken. Men ziet dan dat je het profiel bezocht hebt en hierdoor blijft je naam misschien wat langer op het netvlies. Het sturen van een uitnodiging is in dit stadium echter nog iets te vroeg. De HR-functionaris kun je dan ook beter uitnodigen nadat je wordt uitgenodigd voor een kennismakingsgesprek of na ontvangst van een eventuele afwijzing. Een recruiter of intercedent kun je daarentegen direct een uitnodiging toezenden.

☞ Waak er altijd voor dat je sollicitatiebrief een duidelijke symmetrie vertoont met je LinkedIn-profiel.

☞ Verzend je sollicitatiebrief altijd in PDF-formaat om daarmee de opmaak te waarborgen. Dit komt tevens een stuk professioneler over.

☞ Vraag om een motivatie als je werd afgewezen.

Hieronder een voorbeeld van een eigen sollicitatiebrief. Het betrof in dezen een vacature voor Commercieel Medewerker Binnendienst voor een organisatie binnen de automotive sector. Ondanks dat mijn brief wat hoogdravend is, heeft het mij destijds wel een sollicitatiegesprek opgeleverd. Zodoende kan het misschien ook voor jou als een goede leidraad dienen.

VOORBEELD SOLLICITATIEBRIEF

Brunssum, 19 juli 2016

Naam
Adres
Postcode / Woonplaats

Naam organisatie
T.a.v. Naam & functie contactpersoon
Adres
Postcode / Woonplaats

Betreft:
(Je kunt optioneel de vacature benoemen. Ook kun je dit kader in het geheel weglaten)

Geachte heer, mevrouw,

Tot mijn grote vreugde kwam ik via (benoem het kanaal) op uw vacature voor Commercieel Medewerker Binnendienst. Inhoudelijk kan ik mij dan ook sterk identificeren met het geschetste profiel. Van nature beschik ik namelijk over een behoefte om andermans belang voorop te stellen. Een omgeving waar de klantbeleving centraal staat laat mijn competenties dan ook volledig tot bloei komen. Het is dan ook niet voor niets dat ik functies heb mogen bekleden waar zowel de commerciële als de communicatieve component sterk op de voorgrond stond. Daarnaast dwingt de automotive branche een oprechte interesse bij mij af.

Ik heb vele jaren verkeerd in vaak internationaal georiënteerde milieus, variërend van MKB tot Corporate niveau. De focus lag voornamelijk op het Order to Cash traject. Van offerte tot facturatie en daarnaast het bewaken van betalingstrajecten. Daarnaast heb ik ook als accountmanager met regelmaat binnen- en buitenlandse klanten bezocht. De vaardigheid om bruggen te slaan tussen verschillende culturen blijkt in iedere service-omgeving dan ook goed tot zijn recht te komen. Wellicht van toegevoegde waarde, beheers ik naast het Nederlands ook de Duitse en Engelse taal. Dit heeft mij dan ook altijd in staat gesteld om een breed spectrum aan clientèle te mogen bedienen.

Aangezien multi-tasken inherent verbonden is aan een steeds wisselende klantbehoefte beschik ik uiteraard ook over andere competenties. Ik acteer op HBO-niveau en beschik over een sterk leer- en ontwikkelvermogen wat blijkt uit een constante behoefte naar zelfontwikkeling. Daarnaast beschouw ik mezelf als zeer gestructureerd en uiterst accuraat. Tijdens hoge druk weet ik mijn focus en flexibiliteit dan ook te waarborgen. Van nature ben ik zeer resultaatgericht wat tenslotte hand in hand gaat met kwaliteitshandhaving.

Ik verwacht dat u net zo geïntrigeerd zult zijn als ik en hoop dan ook spoedig van u te mogen vernemen.

Met vriendelijke groet,

Marco Mostert

Bijlage: CV

Het gebruik van templates

Iedere vacature verschilt en zo ook iedere sollicitatiebrief die je schrijft. Als je je concentreert op één bedrijvensector en vergelijkbare functieprofielen, dan doe je er wijs aan om 'templates' te gebruiken. Een 'template' is in feite een sjabloon waarin de structuur van een brief wordt vastgelegd. Het is als het ware een blauwdruk die is afgestemd op een specifiek functieprofiel.

Zorg er dan ook voor dat je tijdens jouw sollicitatieproces een goede template database creëert. Iedere unieke vacature en de brief die je daarvoor opstelt, kan dan ook gezien worden als een potentiële template.

Ook is het verstandig om internationale templates op te stellen. Het kan namelijk wel eens voorkomen dat je gevraagd wordt om je motivatie in het Engels op te stellen. Vooralsnog zijn de meest gangbare en gewens-

te talen binnen het bedrijfsleven Engels, Duits en Frans. Tegenwoordig zien we ook een versterkte opkomst van het Italiaans en het Spaans. Je doet er dus wijs aan om je goed te wapenen met een doordacht arsenaal aan templates.

Je bent bijvoorbeeld op zoek naar een baan binnen het segment van Customer Service. Je reageert op vacatures zoals Commercieel Medewerker Binnendient, Customer Service Representative en Order Administrateur. Om je zelf de moeite van het herhaaldelijk schrijven van brieven te besparen, maak je nu dus gebruik van een template. Je selecteert de juiste template en past de inhoud van de vacature toe op deze blauwdruk. Dit betekent dat je net zoals bij een normale sollicitatiebrief, jouw aansluiting op de functie-eisen en je enthousiasme laat terugkomen in je brief. Op deze manier ben je in staat om in een zeer kort tijdsbestek een brief te genereren die een sterke symmetrie vertoont met het gewenste profiel. Dit is effectief solliciteren zonder verlies van kwaliteit of kwantiteit. Als je moeite hebt met het hanteren van templates, dan tref je op het internet enorm veel voorbeelden die je zeker op weg zullen helpen.

Het gevaar van info@ccounts

Als men je vraagt om je sollicitatie te richten aan een info-account, bereid je dan alvast voor op 'de vergetelheid'. Een naar fenomeen dat helaas vaak zal blijven opduiken tijdens je sollicitatieproces.

Het merendeel van de e-mails die in de infobox belanden is vaak niet relevant. Het betreft vaak 'Spam', een 'CC' of een algemene e-mail waarop geen actie hoeft te worden ondernomen. Ook vormt de info account vaak het eerste contactkanaal. Een laagdrempeligheid die vaak zorgt voor overvolle e-mailboxen. E-mails die qua onderwerp of inhoud vergelijkbaar zijn met spam-berichten, lopen het gevaar om door het Spamfilter automatisch naar de zogenaamde 'Spambox' verwezen te worden. De inhoud van de Spambox wordt vaak zonder blikken of blozen in één keer verwijderd. Het zal je dan ook niet verbazen dat veel sollicitaties hun doel nooit bereiken vanwege een opruimsessie door een iets te ijverige beheerder. Zorg dan ook dat je deze dans ontspringt door altijd duidelijk een onderwerp te vermelden.

Daarnaast is het beheer van een info-account vaak geen individuele verantwoordelijkheid. Met andere woorden, er wordt vaak niemand voor vast aangesteld om dit account te beheren. Het info-account geniet in die zin net zo min verantwoording als ons publieke domein. Veel medewerkers besteden circa één tot twee uur per dag aan het lezen en beantwoorden van hun eigen e-mail. Het info-account zal dan ook altijd minder prioriteit ontvangen dan het persoonlijke e-mailadres. Een tijdig antwoord of het ontvangen van een ontvangstbevestiging blijft dan ook vaak uit. Men voelt zich dan ook meer verantwoordelijk voor zaken die verbonden zijn aan de eigen naam en daarmee de eigen reputatie.

Uit zelfbescherming doe je er wijs aan om ook het e-mailadres van de juiste contactpersoon of de betreffende afdeling te achterhalen. LinkedIn en de website van de organisatie lenen zich hier bij uitstek voor. De contactpersoon of de afdelingscoördinator zal zich tenslotte vaak wel verantwoordelijk voelen om op tijd en correct gehoor te geven aan je oproep. Om deze verantwoording deels af te dwingen, is het dus verstandig om de juiste contactpersoon of de betreffende afdeling in het CC kader te vermelden.

De open sollicitatie

De kracht van een open sollicitatie wordt vaak onderschat. Ondanks dat de organisatie misschien geen openstaande vacatures heeft, toon je namelijk wel op een onderscheidende manier je interesse. Het risico dat men bij een open sollicitatie onopgemerkt blijft, is dan ook veel kleiner dan bij een reguliere sollicitatie.

De kans bestaat dat je, ondanks het gebrek aan actuele vacatures, toch zult worden uitgenodigd voor een kennismakingsgesprek. Uiteraard is dit een schaars fenomeen en mocht deze situatie zich voordoen, geef jezelf dan een schouderklopje. Het is dan ook je motivatie en assertieve houding waaraan je deze uitnodiging te danken hebt. Mocht je geen uitnodiging ontvangen, dan zal je oprechte interesse er misschien voor zorgen dat je een voorkeurspositie krijgt binnen de portefeuille. Bij het ontstaan van nieuwe vacatures is het dan ook aannemelijk dat men zich je herinnert en je profiel uit de portefeuille vist. Uiteraard zijn er ook nadelen verbonden aan deze manier van solliciteren. Omdat het bedrijf geen vacatures heeft openstaan, zal het screenen van nieuw talent niet als primair worden beschouwd. De vergetelheid is voor veel open sollicitaties dan ook het laatste station.

Voor een goede kans van slagen dien je je dus met chirurgische precisie voor te bereiden. Verdiep je dan ook in de organisatie en het gewenste functieprofiel. Screen via LinkedIn personen die sleutelposities bekleden. Benader ze vervolgens met een goed onderbouwde en op de persoon afgestemde brief. Als je deze 'gatekeepers' via LinkedIn benadert, zal de reactiefrequentie en de reactiesnelheid namelijk veel hoger zijn dan wanneer je het reguliere pad volgt. Je zult daarnaast ook meer inzicht krijgen in het arbeidsklimaat van de organisatie en parallel kun je ook je netwerk uitbreiden met enkele nieuwe contacten. Uiteraard kun je de betreffende organisatie ook telefonisch benaderen. Je kunt dan vragen of men de ontvangst van open sollicitaties waardeert en wie je eventueel aan kunt schrijven. Desalniettemin ben ik van mening dat de 'response rate' bij het hanteren van LinkedIn hoger zal zijn dan de conservatieve paden. In het hoofdstuk 'Registratie & Analyse' zal ik de voordelen van het gebruik van LinkedIn verder toelichten.

Ook het gebruik van het eigen netwerk kan van doorslaggevend belang zijn. Als je namelijk via een bekende word geïntroduceerd die al werkzaam is bij de organisatie, dan zal de drempel om je uit te nodigen voor een kennismakingsgesprek een stuk lager zijn. Je toegevoegde waarde voor de organisatie kan nu met een krachtige stem worden uitgedragen. Voor een werkgever wekt dit veel vertrouwen, wat je kans op succes dan ook zal vergroten. Informeer je netwerk dan ook dat je op zoek bent naar een passende baan. Wellicht is de kruiwagen die je nodig hebt zelfs dichterbij dan je denkt.

Als je niet via je netwerk kan worden geïntroduceerd, zul je moeten schrijven. Uiteraard zal de open sollicitatie zich sterk moeten onderscheiden van de reguliere sollicitatiebrief. Men heeft tenslotte geen fundament. Naast een duidelijke formulering en het ontbreken van taalfouten, zal de nadruk gelegd moeten worden op gerichtheid. Met andere woorden, wie ben je en welke competenties breng je met je mee? Welke positie ambieer je en hoe vinden je competenties en motivatie hierin aansluiting? Last but not least, waarom kan jij je sterk identificeren met de organisatie? De kracht schuilt in het verbinden van al het bovenstaande en wel in een brief die past op één A4. De lezer moet je brief ervaren als makkelijk leesbaar. Daarnaast dient men weinig tijd nodig te hebben om je brief zorgvuldig te lezen. De lezer zal gemotiveerd moeten worden om je uit te nodigen voor een kennismakingsgesprek en je zult jezelf dus moeten verankeren in het geheugen.

Solliciteren vanuit een baan

De praktijk laat ons zien dat de werkloze werkzoekende vaak gemotiveerder is dan de persoon die vanuit een werkzame positie solliciteert. De paradox is echter dat kandidaten die werkzaam zijn op het moment dat ze solliciteren, de voorkeur genieten boven kandidaten die werkloos zijn. Het hebben van een baan biedt voor een werkzoekende dan ook meer perspectief. De hamvraag blijft: 'Waarom biedt het hebben van een baan voor een werkzoekende meer perspectief?'

We lazen al dat veel werkgevers ervan zijn overtuigd dat de afstand tot de arbeidsmarkt in directe verhouding staat tot het verlies van expertise, aanpassingsvermogen en motivatie. We kunnen dan ook niet uitsluiten dat de meeste personen die hun baan verliezen na dit verlies misschien wat minder gemotiveerd zijn om weer direct aan de slag te gaan. Vaak gebruikt men deze tijd om de batterij weer op te laden en om de eigen behoeften te evalueren.

Als je gaat solliciteren zal een werkgever altijd beoordelen of je over de juiste competenties, kwalificaties en werkervaring beschikt. Je recente arbeidshistorie speelt in deze beoordeling een grote rol. Als je op het moment van je sollicitatie nog werkzaam bent bij een andere werkgever, illustreert dit dat je expertise, je aanpassingsvermogen en je motivatie nog actueel zijn. Je laat hiermee dus zien dat je kwaliteiten niet aangetast zijn door het slijtende effect van langdurige werkloosheid. Daarnaast toont het duidelijk dat je kwaliteiten gewild zijn op de arbeidsmarkt. Ook beschouwt men je motivatie als meer oprecht. Je besluit tenslotte om te solliciteren uit eigen interesse en niet vanuit bureaucratische of economische dwang.

Uiteraard biedt het solliciteren vanuit een baan ook verzachtende, psychologische aspecten. Als er voor jou nog geen definitieve datum van vertrek bij je huidige werkgever bekend is, wordt je verlost van enige druk. Een druk die zich bij werkloosheid al snel manifesteert en zich voornamelijk concentreert op het waarborgen van financiële stabiliteit, het op niveau houden van expertise, het op afstand houden van sociaal isolement, de gevreesde bureaucratische molen en het maatschappelijk geconditioneerde stigma. Naast de psychologische effecten biedt het hebben van een baan ook sociale mogelijkheden. Je netwerk is bijvoorbeeld een stuk groter op het moment dat je werkt, wat een positief effect kan hebben op je slagingskans.

Als jij je in deze zeldzame maar bevoorrechte positie op de arbeidsmarkt bevindt, is het verstandig om je discretie streng te bewaken. Je werkgever hoeft dan ook niet te weten dat je de organisatie wilt verlaten. Als het doek voor je gaat vallen wegens een reorganisatie, of als je slechts onder tijdelijke condities bent aangenomen, is het juist wel verstandig om je motivatie bekend te maken. Zo ben je namelijk in staat om afspraken te maken met je werkgever. Nog openstaand verlof kan zo worden opgemaakt, er kan ruimte gemaakt worden voor eventuele tussentijdse sollicitatiegesprekken, je omgeving kan je actief bijstaan in het vinden van een nieuwe baan of je helpen bij het optimaliseren van je profilering op de arbeidsmarkt.

Ben echter altijd dankbaar voor het feit dat je je in deze bevoorrechte positie bevindt en exploiteer alle mogelijkheden die zich voor je aandienen.

Het gras is niet groener bij de buren

Als je werkt bij een werkgever waar een destructief arbeidsklimaat aanwezig is, kan de overtuiging dat het gras niet groener is bij de buren je ervan weerhouden om te gaan solliciteren. Ook eventuele privileges, de financiële waardering en het vaste contract wat je bijvoorbeeld hebt weten te bemachtigen, kunnen een enorme barrière vormen. De zogenaamde illusie van zekerheid. Combineer dit met sociale verplichtingen zoals de zorg over het gezin of het huishouden, en het zorgt voor een formule die veel mensen dwingt om zich te blijven blootstellen aan een destructief klimaat. Veel mensen bezwijken dan ook eerder aan de gevolgen van een burn-out dan dat men een stap richting de arbeidsmarkt durft te zetten.

Zelf heb ik dit fenomeen aan den lijve mogen ondervinden. De hele dag werd ik blootgesteld aan negativiteit. Van een sarcastische intonatie in een e-mail tot een uitbarsting van frustratie door een naaste collega. Een klimaat waar ik met regelmaat een zwaar beroep moest doen op mijn professionaliteit en mijn relativeringsvermogen. Een proces dat enorm veel energie consumeerde. Het eerste duidelijke signaal is dat spontaniteit en enthousiasme langzaam naar de achtergrond lijken te verdwijnen. Daarnaast kun je je inhoudelijk steeds minder met het werk en de bedrijfscultuur vereenzelvigen. Men signaleert deze stagnatie en probeert dit te compenseren met rationalisatie. Men verzint redenen waarmee men een voortdurend verblijf in het destructieve klimaat kan rechtvaardigen. In het belang van financiële stabiliteit, de verantwoordelijkheid over het gezin, het vermijden van het grote onbekende of het alom bekende cliché: 'Het is maar tijdelijk'.

Het kan helpen om het probleem bespreekbaar te maken en volledig transparant te zijn naar je werkgever. Ben oprecht in je onderbouwing en ben ook ontvankelijk voor kritiek. Spreek als je de behoefte ervaart en maak het tot een precedent om jezelf te uiten. Blijf je echter rationaliseren en doorzetten totdat er zelfs geen sprake meer is van voldoening en identificatie, dan is het tijd om concrete maatregelen te nemen. Je rationalisatie heeft je inmiddels volledig geconsumeerd. Blijf je jezelf gedurende deze climax energie ontnemen, dan zal een burn-out al snel de volgende halte zijn.

Als je dus werkt in een dermate destructief klimaat, dan mag je ervan uitgaan dat het gras bij de buren AANZIENLIJK groener is. Als een werkgever een klimaat creëert dat je gezondheid saboteert, dan zal dit uiteindelijk ook een ondermijnend effect hebben op je priveleven en je financiële stabiliteit. Stel jezelf dan ook niet langer bloot aan deze vorm van zelfsabotage en ga op zoek naar een nieuwe baan. Zoals eerder beschreven biedt het solliciteren vanuit een baan enorm veel voordelen waar je nu goed gebruik van kan maken. Het is misschien een kwestie van even doorbijten maar het zal je gezondheid en daarmee je toekomst zeker ten gunste komen.

Als rationalisatie en talloze besprekingen je niet hebben kunnen behoeden voor een zware depressie, dan doe je er wijs aan om je dienstverband per omgaande te beëindigen. Benader dit echter zeer tactisch en laat de werkgever je contract ontbinden. Een en ander zodat je een beroep kan doen op je Wwz-rechten.

Daarnaast is het in een dergelijke context ook verstandig om met je werkgever af te spreken dat er bij navraag een positieve referentie wordt afgegeven. Als je je al in een vergevorderde depressie bevindt, dan adviseer ik je stellig om na je contractontbinding toevlucht te zoeken in de Ziektewet. Gedurende je verblijf in de Ziektewet wordt je namelijk gevrijwaard van je sollicitatieplicht. Hierdoor kun je deze periode ook volledig benutten voor je eigen herstel. Uiteraard zul je ook tijdens deze periode moeten voldoen aan bepaalde bureaucratische criteria. Het belang van je herstel zal dit echter sterk overschaduwen.

Zet dan ook de stap naar het grote onbekende. Duik in het diepe en je zult ontdekken dat het een verenbed is. Het gras zal werkelijk groener zijn.

De tweede deelname aan een sollicitatieprocedure

Als je solliciteert bij een organisatie waar je in het verleden al hebt deelgenomen aan een sollicitatieprocedure, kan het zijn dat een nieuwe deelname geweigerd wordt. Tegenwoordig is dit een terugkerend fenomeen geworden. We zien het dan ook steeds vaker.

Als je reageert op een vacature van een uitzendbureau, tast je vaak in het duister over de organisatie die de vacature heeft aangeboden. Zo reageerde ik ooit via een uitzendbureau op een vacature voor Intercontinental Customer Service Representative om later het bericht te ontvangen dat ik niet zou worden opgenomen in de selectie procedure. Een en ander omdat ik twee jaar eerder blijkbaar al had deelgenomen aan de sollicitatieprocedure voor dezelfde functie bij dezelfde organisatie. Destijds was het mij niet gelukt om door te dringen tot de gesprekkenronde. Deze registratie weerhield men ervan om mij opnieuw op te nemen in het selectieproces. Het feit dat mijn competenties, kwalificaties en mijn ervaring naadloos aansloten, leek volledig overschaduwd te worden door een conclusie die twee jaar eerder werd getrokken. De inhoud van een dergelijke registratie, hoe gedateerd deze ook mag zijn, lijkt niet bevattelijk voor enige concessie. Dit verankert bij mij de indruk dat de visie binnen het bedrijfsleven zich voornamelijk concentreert op de korte termijn. Snelle en efficiënte inzetbaarheid wegen veel zwaarder dan investeren in training, begeleiding en scholing. De voordelen van dit laatste heb je al kunnen lezen in het hoofdstuk over het belang van aantoonbare ervaring.

Als een vacature door de organisatie zelf wordt gepubliceerd, en je in het verleden al hebt deelgenomen aan een sollicitatieprocedure, dan ben je direct in staat om een kansberekening toe te passen. Je slagingskans zal worden beïnvloed door meerdere factoren. Zo zal de grootte van de organisatie van invloed zijn. Hoe groter de organisatie, hoe groter de kans op de aanwezigheid van een registratiesysteem. De noodzaak om alle activiteiten zo zorgvuldig mogelijk te registeren, staat namelijk altijd in directe verhouding tot de grootte van een organisatie. Daarnaast zal ook het tijdsbestek bepalend zijn. Als je bijvoorbeeld vorig jaar hebt gereageerd op een vacature, kan het zijn dat de registratie hiervan nog actueel in het systeem of zelfs het menselijk geheugen aanwezig is. Heb je vijf jaar geleden gereageerd op een vacature, dan kan het zijn dat je gegevens niet langer meer in het systeem aanwezig zijn. Ze kunnen gearchiveerd zijn of men is je eerdere deelname simpelweg vergeten. Ook zal de vacature van invloed zijn. Als je reageert op dezelfde vacature als in het verleden, is de kans op een afwijzing uiteraard groter dan wanneer je reageert op een andere vacature. Ook kan de perceptie van de HR-functionaris bij het screenen van potentiële kandidaten bepalend zijn voor je slagingskans. Als je dus reageert op een vacature bij een organisatie die je al eerder hebt aangeschreven, dan doe je er wijs aan om via LinkedIn te kijken of dezelfde HR-functionaris nog altijd actief is. Als dezelfde HR-functionaris nog actief is, kan dit je slagingskans aanzienlijk verlagen. Een nieuw gezicht biedt dan ook altijd nieuwe kansen.

Hieronder een tabel die je kunt gebruiken voor je kansbepaling bij een tweede deelname aan een sollicitatieprocedure. De kans geeft de potentie weer om door te dringen tot het felbegeerde interview.

Let wel dat deze tabel je natuurlijk geen garanties biedt en gebruik hem dan ook slechts als richtlijn.

Omschrijving	Invloedsfactor	Hogere kans	Lagere kans
Organisatie-omvang	Aanwezigheid van een registratiesysteem	Minder dan 50 personeelsleden	Meer dan 50 personeelsleden
Timing	Datering van de registratie van je laatste sollicitatie	Ouder dan 1 jaar	Jonger dan 1 jaar
Vacature	Gelijkwaardigheid vacature	Ongelijkwaardige vacature	Gelijkwaardige vacature
HR-functionaris	Identiteit HR-functionaris	Andere HR-functionaris	Dezelfde HR-functionaris

Aanhoudend solliciteren

In het hoofdstuk VACATURESITES spreek ik over het feit dat men niet één enkele werkgever dient te bestoken met sollicitaties. Het is dan ook verstandig om je sollicitatieactiviteiten en daarmee je kansen te spreiden. Hiermee wil ik dan ook benadrukken dat het bestoken van één enkele werkgever nadelig kan uitpakken. Zoals ik dat zelf aan den lijve heb mogen ondervinden.

Ik had destijds mijn zinnen gezet op een grote multinational binnen de gezondheidszorg. De conventionele manier van solliciteren had me al twee sollicitatiegesprekken opgeleverd, echter, het lukte me maar niet om door te dringen tot de gelederen. Ik besloot om een andere strategie toe te passen en daarbij dus gebruik te maken van andere instrumenten. LinkedIn bleek de meest geschikte benadering. Via het zoekvenster ging ik op zoek naar HR-functionarissen, Sales- en Customer Service managers om ze vervolgens een vriendelijke uitnodiging te sturen. Zodra zij mijn uitnodiging accepteerden, konden ze aansluitend een open sollicitatie per e-mail verwachten.

Na tientallen uitnodigingen en e-mails te hebben verstuurd, ontving ik op den duur het vriendelijke verzoek of ik mijn sollicitatieactiviteiten wilde staken. Dit had ik nog nooit meegemaakt. Al mijn sollicitaties vonden hun eindstation namelijk bij een select gezelschap. Dit gezelschap begon na het passeren van mijn dertigste sollicitatie langzaam een irritatie te ontwikkelen. Achteraf gezien bleek mijn enthousiasme mij te verblinden voor het feit dat ik met iedere brief die ik verstuurde, juist mijn afstand tot deze felbegeerde werkgever vergrootte.

Iedere HR-functionaris en manager zal het fijn vinden om te vernemen dat je een oprechte interesse toont in hun organisatie. Als je deze interesse op een gedoseerde manier uit, door bijvoorbeeld slechts eenmaal per kwartaal te solliciteren, dan zal je benadering niet als 'neurotisch' worden ervaren. Men zal dan ook gewilliger zijn om je te benaderen als er zich een passende vacature voordoet. Door mijn aanhoudende stroom van sollicitaties heb ik deze tolerantiegrens ruim overschreden. Uit respect en zelfbehoud heb ik verdere activiteiten dan ook gestaakt en het zal je niet verbazen dat ik niets meer heb mogen vernemen van deze multinational... tot twee jaar na dato.

Uit het niets werd ik via LinkedIn benaderd door een recruiter van dezelfde multinational met de vraag of ik interesse had voor een fulltime binnendienstfunctie. Aangezien ik op dat moment zoekende was naar een nieuwe baan leek deze kans buitengewoon goed getimed. Ik gaf dan ook aan dat mijn interesse nog altijd actueel was en aansluitend werd ik door dezelfde recruiter telefonisch benaderd voor een interview. Beiden hadden we dit gesprek als bijzonder positief ervaren en ik zou dan ook opgenomen worden in de selectieprocedure. Zij het niet dat ik al na één dag een e-mail mocht ontvangen waarin men mij vertelde dat ik niet in aanmerking zou komen voor een vervolgprocedure. Een en ander omdat ik al had deelgenomen aan eenzelfde procedure in het verleden. Intuïtief kon ik opmaken dat ze mijn toenmalige vergrijp van aanhoudend solliciteren bedoelde. Om opheldering te krijgen heb ik de recruiter vervolgens benaderd met de vraag om alle formaliteiten aan de kant te schuiven. Om mij nu eens oprecht te zeggen waar de schoen precies knelde. Enig antwoord blijft tot op heden uit.

Bega dan ook niet dezelfde fout als ik en spreid je kansen. Heb jij je zinnen echter op één enkele organisatie gezet, ga dan uitermate gedoseerd en bovenal tactisch te werk. Je krijgt namelijk maar één kans om je interesse succesvol te cultiveren.

De camouflage van afwijzingen

Als je een afwijzing ontvangt, dan betreft het in de meeste gevallen een standaard motivatie. Het uniforme 'Uw profiel sluit niet volledig aan op de door ons opgestelde criteria' precedent waar je het dan ook mee zult moeten doen. Wijzer word je hier absoluut niet van en je voelt je met een kluitje in het riet gestuurd.

Als je de betreffende functie maar al te graag invulling had willen geven, is het raadzaam om de organisatie te vragen om de motivatie nader toe te lichten. Misschien sloot je ervaring niet goed aan, paste je niet binnen de bedrijfscultuur of heb je net te weinig automatiseringskennis. Door naar een motivatie te vragen, toon je niet alleen je interesse voor de organisatie maar laat je ook zien dat je bereid bent om in jezelf te investeren.

Uiteraard kan het zo zijn dat je opgedane ervaring daadwerkelijk niet goed aansluit op het functieprofiel, je persoonlijkheid niet past binnen de bedrijfscultuur of dat je net dat beetje automatiseringskennis mist. Veel organisaties zullen geneigd zijn om je een standaard antwoord te sturen om daarmee enige juridische vervolging te ontduiken. Men kan je namelijk niet op grond van geslacht, religie, nationaliteit of leeftijd afwijzen. Hiermee loopt het bedrijf namelijk het gevaar van discriminatie beschuldigd te worden. Een smet op het imago die elke organisatie zal proberen te voorkomen. Ook vanuit efficiëntie-overwegingen kan men je een uniform antwoord laten toekomen. Een en ander omdat het geven van een uniform antwoord ook de minste tijdsinvestering vraagt en daarmee de meest economische methode is.

In de praktijk zal het helaas ook vaak voorkomen dat men geen gehoor geeft aan je sollicitatie. Zelfs na het sturen van een tweede herinnering blijft een antwoord vaak uit. Hoe zeer dit waarschijnlijk ook wringt, je dient het hierbij te laten. Accepteer het feit dat men je verzoek niet

erkent en concentreer je op toekomstige sollicitatieactiviteiten. Uiteraard komt het gelukkig ook voor dat men wel gehoor geeft aan je sollicitatie door je een tijdig, goed onderbouwd, concreet en helder antwoord te laten toekomen. Deze organisaties tonen hiermee dat ze hun imago op een professionele manier bewaken. Op de volgende pagina een afwijzing uit mijn eigen collectie. Een schoolvoorbeeld voor iedereen die fungeert als intermediair tussen werkgever en werknemer. Dermate goed onderbouwd dat het een vermelding in dit boek afdwingt.

In het geval dat je een antwoord krijgt op je vraag, hoe omvangrijk of kort dit antwoord ook mag zijn, bedank de organisatie altijd voor het gebaar. Je weet tenslotte nooit wanneer men je naam weer uit de portefeuille vist.

Beste Marco,

Ik begrijp dat het vervelend nieuws voor je is.

Het feit dat je het niet geworden bent ligt niet zozeer aan jezelf. We hadden een handvol kandidaten die wat ons betreft geschikt zouden zijn voor de functie. Jij was een van de kandidaten.

De kandidaat op wie onze keuze uiteindelijk is gevallen is al in eenzelfde functie actief bij een van onze concurrenten en heeft naar ons idee van de kandidaten van de shortlist de meeste raakvlakken met onze producten en de manier waarop wij werken.

Van de kandidaten voor deze functie was jij een van de best opgeleide en vooral meest eloquente. Wellicht zelfs iets te eloquent voor de functie en de klanten die wij bedienen. Qua karakter en voorkomen schatten we jou ook eerder in op een functie binnen een bedrijf met een gemiddeld hoger opleidingsniveau.

Verder heeft de kandidaat voor wie wij gekozen hebben simpelweg een voorsprong omdat hij dus al een vergelijkbare functie vervult.

Ik hoop dat bovenstaande toelichting je enigszins meer inzicht geeft in onze keuze en dat je onze openheid waardeert.

Zoals gezegd wensen we je veel succes bij het vinden van een andere leuke baan.

4.
Het standaardkader |
Het interview

Het is zover! Je bent uitgenodigd voor het eerste sollicitatiegesprek. De vruchten van je inzet mogen nu worden geplukt en je mag deze oogst dan ook koesteren.

Hoe beter je het land cultiveert, hoe zoeter je vruchten zullen smaken. Met deze metafoor wil ik benadrukken dat de kwaliteit van je sollicitatiegesprek sterk afhankelijk is van de manier waarop jij je voorbereidt. Een goede voorbereiding is dan ook cruciaal voor het bepalen van je succes. Het sollicitatiegesprek geeft je de kans om je persoonlijkheid te verkopen en de werkgever ervan te overtuigen dat jij de juiste en enige kandidaat bent voor de functie. Je dient jezelf dus goed te presenteren en te profileren. Omdat een goede voorbereiding beschouwd kan worden als een kunstvorm, zal ik je enkele fundamentele richtlijnen geven die ervoor zullen zorgen dat ook jouw naam niet vergeten zal worden.

De voorbereiding

☞ Zorg dat je bekend bent met de naam en het profiel van je gesprekspartner. LinkedIn leent zich weer uitstekend om je gesprekspartner voorafgaand aan het gesprek te screenen. Misschien deelt je gesprekspartner dezelfde interesses, kent hij of zij dezelfde personen of delen jullie eenzelfde verleden. Als je beschikt over 'bindende' informatie, en dit tijdens het gesprek positief tot uiting brengt, zal het sollicitatiegesprek voor beide partijen al snel andere dimensies aannemen. Het gevolg zal zijn dat je langer op het netvlies zal blijven dan andere kandidaten.

☞ Bestudeer uitgebreid de organisatie en het functieprofiel. Om tijdens het gesprek een goede indruk te maken, is het belangrijk dat je goed op de hoogte bent van de organisatie. Het is dan ook essentieel dat je zoveel mogelijk relevante en bovenal actuele informatie verzamelt. Hoe meer je weet, hoe passender je antwoorden. Als je tijdens je sollicitatiegesprek wordt geconfronteerd met vragen over de organisa-

tie, dan benadruk je je competenties enkel al door je vlotte beantwoording. Door het aandachtig bestuderen van het functieprofiel, ben je ook in staat om te anticiperen op vragen die je misschien gesteld zullen worden. Repeteer deze scenario's dan ook.

- Stel een vragenlijst op. Door tijdens het interview vragen te stellen, toon je belangstelling en initiatief. Daarnaast laat je zien dat je communicatief vaardig bent en beschikt over een positieve assertiviteit.

- Inventariseer je sterke en zwakke persoonskenmerken in verhouding tot de in het functieprofiel vermelde eisen. Het Kernkwaliteiten Kwadrant kan hierbij een effectief instrument zijn. Het toepassen van het kwadrant zal ik in het hoofdstuk 'Gezondheid' verder toelichten.

- Weet waarom jij de meest geschikte persoon bent voor de vacature.

- Zorg dat je tijdens het gesprek beschikt over alle benodigde bescheiden. Denk hierbij aan actuele kopieën van je CV, een referentieoverzicht en eventueel kopieën van je getuigschriften en/of diploma's.

Mijn advies luidt dan ook om al deze gegevens te verzamelen in een zogenaamde portfoliomap of attachémap. Naast een professionele indruk suggereert dit namelijk ook dat je goed georganiseerd bent.

☛ Wees op tijd aanwezig. Mijn persoonlijke richtlijn is ongeveer 20 minuten voor aanvang van het gesprek. Dit geeft je de gelegenheid om te ontspannen, je aantekeningen te bestuderen en eventuele andere kandidaten te observeren. Let wel dat een te vroege aanwezigheid vaak ongemerkt druk uitoefent op je gesprekspartners. Zorg dan ook dat je op tijd vertrekt en bekend bent met je route. Zorg daarnaast dat je navigatiesysteem binnen handbereik ligt voor als je onverwacht op wegblokkades zou stuiten.

Onderstaand tref je het model aan dat ik zelf gebruikte tijdens het voorbereidingsproces en dat je vrijblijvend kunt hanteren.

HET VOORBEREIDINGSMODEL

DATUM, DAG & TIJDSTIP VAN GESPREK
Details wanneer het gesprek zal plaatsvinden

BEDRIJFSGEGEVENS

Naam:	Naam van de organisatie
Adres:	Adres van de organisatie
Postcode:	Postcode van de organisatie
Plaats:	Vestigingsplaats van de organisatie
Telefoonnummer:	Telefoonnummer van de organisatie of de HR-functionaris
E-mail:	E-mail adres van de organisatie of de HR-functionaris
Route:	Bepaal de meest efficiënte route die je kunt nemen en elimineer eventuele obstakels

GESPREKSPARTNER

Naam:	Naam van je gesprekspartner(s)
Werk achtergrond:	Arbeidshistorie van je gesprekspartner(s)
Educatie achtergrond:	Educatieve historie van je gesprekspartner(s)
Hobby & interesse:	Hobby en interesse van je gesprekspartner(s)
Bindende details:	Het identificeren van symmetrie tussen je gesprekspartner(s) en jezelf (misschien delen jullie dezelfde hobby's of kennen jullie dezelfde personen?)

ORGANISATIE

Historie:	Ontstaanshistorie van de organisatie
Karakter:	Betreft het een profit- of een non-profitorganisatie?
Cultuur:	Welke bedrijfscultuur heerst er binnen de organisatie?
Organisatiegrootte:	Hoeveel werknemers telt de organisatie?
Vestigingen/Divisies:	Hoeveel vestigingen en/of divisies zijn aanwezig? Hoe zijn deze verspreid? Wat zijn de kernactiviteiten van deze vestigingen en/of divisies?
Productenportfolio:	Welke producten worden verkocht dan wel geproduceerd?
Dienstenportfolio:	Welke diensten worden aangeboden?
Marktactiviteiten:	Binnen welke markt(en) is men actief?
Marktpositie:	Welke positie claimt men op de markt (bijv. marktleider)?
Actualiteiten/Nieuws:	Actualiteiten en nieuwsberichten omtrent de organisatie

VACATURE

Taken & verantwoordelijkheden:	Wat zijn de taken en verantwoordelijkheden binnen de betreffende positie? Benoem ook de primaire taken

Hiërarchie:	Aan wie dien je verantwoording af te leggen?
Kandidaatprofiel:	Wat zijn de gewenste kandidaat competenties?
Identificatie:	Waarom kun jij je identificeren met de organisatie/vacature?
Interne analyse:	Over welke gewenste competenties beschik je? Zowel in zwakke als in sterke mate? Het Kernkwaliteiten Kwadrant kan hierbij een effectief instrument zijn. Het toepassen van het kwadrant zal ik in het hoofdstuk 'Gezondheid' toelichten

ARBEIDSVOORWAARDEN

Contract:	Betreft het een contract voor (on)bepaalde tijd, projectbasis e.d.?
Salaris:	Wat is de hoogte van het salaris en is deze norm voor jou acceptabel?
Secundaire arbeidsvoorwaarden:	Hoe luidden de secundaire arbeidsvoorwaarden en kun jij je hiermee identificeren?
CAO:	Is er een CAO aanwezig?
Ontwikkeling & begeleiding:	Geeft men jou de mogelijkheid om door te groeien door middel van opleidingen, trainingen en carrièremogelijkheden? Zal men je zorgvuldig inwerken?

VRAGEN

Vragenlijst:	Stel een vragenlijst op en durf daarbij ook 'out of the box' te denken

PRESENTATIE

Persoonlijke presentatie:	Selecteer je kleding en stem deze af op de stijl van de organisatie

Uiterlijke presentatie

- Kleed jezelf altijd in de stijl van het bedrijf. Daarnaast kun je voor een sollicitatiegesprek beter 'over dressed' dan 'under dressed' gaan. Onderzoek wijst uit dat men tijdens een eerste gesprek beter blauw, zwart, grijs of bruin kan dragen. Vermijd dan ook sterk contrasterende of agressieve kleuren zoals rood en oranje. Hoe zachter het gekozen kleurenpalet, hoe ontvankelijker je overkomt. Daarnaast dien je je altijd prettig te voelen met je kledingkeuze.

- Persoonlijke verzorging is cruciaal en versterkt een professionele houding. Je laat hiermee zien dat je trots uitdraagt over je verschijning en impliceert hiermee indirect dat je ook trots zult uitdragen over je werk.

- Beperk het gebruik van sieraden of tassen tot een minimum. Het is noodzaak dat je verzorgd en georganiseerd overkomt.

- Poets je auto. Er is niets zo ontnuchterend als de parkeerplaats oprijden in een auto overdekt met vuil.

- Je beschikt over de benodigde competenties en kwalificaties, maar het ontbreekt je nog aan het nodige zelfvertrouwen. Amy Cuddy, professor aan Harvard, adviseert sollicitanten om een 'stoere' houding aan te nemen voorafgaand aan het interview. Dit betekent schouders recht, de borst vooruit en je kin omhoog. Deze minuscule aanpassingen in je lichaamshouding, hebben ook een versterkend effect op de geest. Volgens Amy Cuddy kan men zich op deze manier effectiever weren tegen pijn, kritiek en eventuele risico's. Daarnaast zal men in staat zijn om de gesprekspartners meer te kunnen boeien.

Het gesprek

☛ Als je de mogelijkheid hebt om zelf het tijdstip van je sollicitatiegesprek te bepalen, kies dan een tijdstip waarop jij het beste functioneert. Selecteer dan ook je piekmoment. Uit onderzoek van de Amerikaanse carrièrewebsite Glassdoor blijkt dat dinsdag om 10:30 uur het meest geschikte tijdstip zou zijn om geïnterviewd te worden. Een en ander omdat men op dinsdag het meest productief zou zijn en men daarnaast de minste stress zou ervaren. Ook het tijdstip is in dezen belangrijk. De interviewer heeft op dat moment al ruim de tijd gehad om e-mail te lezen, koffie te drinken en overige zaken te regelen. Daardoor kan men zich volledig focussen op het gesprek.

☛ Geef altijd een stevige handdruk en vergeet niet om te glimlachen. De eerste indruk is ook het meest bepalend voor het verloop van het gesprek en daarmee ook je toekomst. Als je last hebt van zweethan-

den adviseer ik om in alcohol gedepte reinigingsdoekjes mee te nemen. Alcohol droogt je huid dan ook uit. Vermijd doekjes met toegevoegde aloë vera en dergelijke aangezien deze hydrateren en je huid dus nog vochtiger zullen maken.

- Spreek je interviewer altijd aan met 'u' ook als men je tutoyeert. Als men je vraagt om ook te tutoyeren dan accepteer je dit verzoek als vanzelfsprekend.

- Wacht met plaatsnemen totdat je naar een plaats verwezen wordt. Ook kan het voorkomen dat je al verzocht wordt om plaats te nemen terwijl je gesprekspartners nog afwezig zijn. Let wel dat je plaatskeuze veelzeggend is over je zelfbewustzijn en ook je dominantie. Kies dan ook het liefst een plaats met een kalme achtergrond zodat men zich tijdens het gesprek goed op je kan concentreren. Daarnaast is het belangrijk dat je op een plek gaat zitten waarbij het ook voor meer gesprekspartners makkelijk blijft om met je te communiceren. Tegenover of zijdelings van elkaar zijn vaak de meest begeerde gespreksposities. Volgens de communicatiepsychologie vormt de zijdelingse opstelling een goede basis voor het voeren van onderhandelingsgesprekken. Deze verhouding is namelijk in balans en de gesprekspartners hoeven elkaar niet frontaal en gedwongen aan te kijken. Deze opstelling geeft beide partijen dan ook meer vrijheid.

- Als men je iets te drinken aanbiedt, ben dan niet te voorbarig in het vragen naar koffie. Vraag uitsluitend naar koffie als je gesprekspartner dit ook drinkt. Men kan namelijk kostbare minuten verliezen als men koffie voor je moet gaan halen. Sla het aanbod echter nooit af. Samen drinken is namelijk een vorm van sociale binding.

- Plaats je aantekeningen zichtbaar op tafel. Dit wekt de suggestie dat je goed voorbereid bent. Een eigenschap die sterk gewaardeerd zal worden.

☞ Plaats je handen na het plaatsnemen in je schoot en neem een rechte, zelfverzekerde houding aan. Plaats je handen pas op tafel zodra het gesprek begint. De gesprekshouding waarbij beide handen zichtbaar zijn, wekt de suggestie van eerlijkheid. Als je je handen al voor aanvang van het gesprek op tafel plaatst, kan dit juist de suggestie van dominantie of zelfs arrogantie wekken.

☞ Houd altijd oogcontact met de persoon die aan het woord is. Hierdoor versterk je de indruk open en oprecht te zijn. Daarnaast dienen ook je handen zichtbaar te zijn wat, zoals gezegd, eerlijkheid impliceert.

☞ Luister aandachtig naar iedere vraag en neem rustig de tijd om na te denken over je antwoord. Ben niet bang voor ongemakkelijke stiltes. Het is namelijk van belang dat je zorgvuldig antwoordt en zo dicht mogelijk bij jezelf blijft.

☞ Stem je taalgebruik af op dat van je interviewer zonder daarbij je eigen identiteit uit het oog te verliezen.

☞ Vergeet niet om zelf ook intelligente vragen te stellen tijdens het gesprek. Zo maak je duidelijk dat je oprecht geïnteresseerd en goed geïnformeerd bent over de organisatie. Waak er echter voor dat je niet gebukt gaat onder een tsunami aan informatie doordat je te veel vragen stelt. Tenzij je beschikt over een fotografisch geheugen, is het onmogelijk om alles tot in detail te onthouden. Maak dan ook notities wat tevens bijdraagt aan een georganiseerde indruk. Uiteraard hoef je niet met je vragen te wachten tot het eind van het gesprek. Geef dan ook op tijd gehoor aan je behoefte om een vraag te stellen voordat je deze weer vergeet.

☛ Stel ook eens een persoonlijke vraag aan je gesprekspartner. Vaak ervaart men dit als plezierig en voelt men zich hierdoor gevleid. Men zal het gesprek dan ook als prettiger ervaren.

☛ Als je van mening verschilt met je gesprekspartners blijf dan tactisch en vooral beleefd.

☛ Uiteraard zijn er altijd variabelen waarover je geen controle kunt uitoefenen. Een van deze variabelen is de gemoedstoestand van je gesprekspartner. Krijg je het gevoel dat je wordt onderworpen aan de grillen van je gesprekspartner, blijf dan altijd hoffelijk en bovenal kalm. Je mag er echter van uitgaan dat een personeelsfunctionaris zijn gemoedstoestand sterk kan camoufleren naarmate hij professioneler geschoold is.

☛ Er werken drie generaties op de arbeidsmarkt. Dat heeft binnen de organisatie invloed op de interne communicatie, de hiërarchie, de cultuur, de technologie en het salaris. Elke generatie wordt gekenmerkt door zijn eigen normen en waarden. Je doet er dan ook wijs aan om je antwoorden aan te passen aan de leeftijd van je gesprekspartner. Babyboomers (geboren tussen 1945 en 1955) zijn bijvoorbeeld meer op hun privacy gesteld. Generatie X (geboren tussen 1965 en 1980) heeft bijvoorbeeld minder behoefte aan hiërarchie en een duidelijk kader.

☛ Wees jezelf. Ben dus authentiek en blijf altijd correct.

DE VRAAGSTELLING

Er bestaat geen uniforme norm voor de indeling van een sollicitatiegesprek. Veel sollicitatiegidsen willen je dan ook voorbereiden op allerhande scenario's en mogelijke vraagstellingen die je kunt verwachten tijdens een interview. Het voorbereiden op allerhande scenario's kan er juist voor zorgen dat je kunstmatig en geacteerd overkomt. Een klinische indruk die je altijd moet vermijden. Je authenticiteit en consistentie in je verhaal zijn namelijk wat men tijdens het interview zichtbaar wil krijgen.

In dezen hanteer ik dan ook een andere optiek. Het is namelijk je voorbereiding – in het bijzonder je studie naar de organisatie – en de inventarisatie van je sterke en zwakke punten – hoe deze aansluiting vinden op het profiel en de kennis die jou tot de meest geschikte kandidaat maken voor de functie –, die naar mijn mening je succes bepalen. Met andere woorden; je weet waar je bent, je weet wie je bent en je weet waarom je er bent. Als dit het geval is, dan kan men je werkelijk alles vragen. Geen vraag zal je dan nog overrompelen.

DE VRAAGSTELLING OVER JE GEZONDHEID

Een werkgever mag je tijdens het interview geen vragen stellen over je gezondheid. Als men je toch vragen stelt over je gezondheid, dan heb je het recht om te zeggen dat je geen antwoord wenst te geven. Kies je er echter wel voor om antwoord te geven, geef dan kort aan in welke gezondheid je verkeert en probeer het gesprek zo effectief mogelijk naar een ander onderwerp te leiden. Daarentegen ben je verplicht om de werkgever in te lichten over je gezondheid als:

- Niet alle taken binnen het functiekader naar behoren kunnen worden uitgevoerd.
- Je meer tijd nodig hebt voor het werk dan je collega's.
- Je door gezondheidsproblematiek regelmatig afwezig bent.
- Je een aangepaste werkplek nodig hebt.

Het is cruciaal dat je in dergelijke situaties transparant blijft en dus openlijk praat over je gezondheidsklachten. Als je verzuimt om je werkgever in te lichten, en je onverhoopt ziek wordt tijdens het uitvoeren van je werk, kan dit nare gevolgen hebben voor het verloop van je carrière. Ervaar je daarentegen problemen met je gezondheid die niet hinderlijk zijn voor het uitvoeren van je werk, bepaal dan zelf welke informatie je prijsgeeft.

DE AFSLUITING VAN HET GESPREK

☛ Je hoeft niet bang te zijn om te vragen naar het vervolg van de procedure. Let wel dat de hoogte van het salaris en de secundaire arbeidsvoorwaarden onderwerpen zijn die meestal pas besproken worden in het vervolggesprek. Als deze details in je eerste gesprek uitblijven, laat ze dan ook onbesproken.

☛ Sluit wederom af met een stevige handdruk en een glimlach. Sluit af door je gesprekspartners een fijne dag te wensen. Probeer de woorden 'Tot ziens' te vermijden tenzij men je heeft uitgenodigd voor een vervolggesprek.

LAST BUT NOT LEAST…

☛ Ben altijd vriendelijk tegen iedereen die je ontmoet binnen de organisatie. Van receptioniste tot fabrieksmedewerker. Om te weten te komen met wie men te maken heeft, zal men bijvoorbeeld ook aan de receptionist vragen welke indruk hij of zij van je heeft.

☛ Volgens de universiteit van Toronto heeft men 1% minder kans om aangenomen te worden als het regent. Dat is een uitermate klein percentage, echter, je doet er wijs aan om regenachtige dagen zoveel mogelijk te vermijden.

☛ De mate van je concurrentie is vaak van doorslaggevend belang. De beoordeling van je gesprek hangt dan ook af van de andere kandidaten die op dezelfde dag als jou op gesprek mochten komen. Volgens onderzoek vergelijken recruiters de kandidaten enkel met de personen die op dezelfde dag op gesprek zijn gekomen.

De handmethodiek

Tijdens een zoektocht naar een nieuwe baan kwam ik in aanraking met een intercedent die er nogal een originele interviewmethodiek op na hield. Volgens zijn norm werd de vraagstelling in het persoonlijke interview verdeeld over vijf deelaspecten. Deze deelaspecten werden op hun beurt vertegenwoordigd door een vinger of de duim.

Zo vertegenwoordigde de duim de vraag wie de kandidaat is en voor welke waarden en normen de kandidaat staat. De wijsvinger vertegenwoordigde de vraag waar de kandidaat naar toe wil groeien in het leven. Welke ambities men heeft en hoe men deze wenst te realiseren. De middelvinger vertegenwoordigde de vraag waar men als kandidaat een hekel aan heeft of waarvan men als kandidaat walgt. Waar bevinden zich de allergieën en de frictievelden? De ringvinger vertegenwoordigde de vraag waar men zich als persoon aan verbonden voelt. De mate van betrokkenheid en loyaliteit jegens bepaalde aspecten. De pink stond voor de vraag waar zich de persoonlijke valkuilen en uitdagingen bevonden. De zogenaamde verbeterpunten.

Je ziet dat de symboliek die iedere vinger uitdraagt zeer nauw overeenstemt met de daaraan gekoppelde vraagstelling. Deze methodiek beschrijft dan ook in zeer simpele vorm hoe recruiters het interview zullen benaderen. Misschien dat je het als een ezelsbruggetje kunt gebruiken.

Het interview bij het uitzendbureau

Je hebt gereageerd op een vacature van een uitzendbureau en wordt vervolgens uitgenodigd voor een interview. Vaak word je hier telefonisch voor benaderd. Het uitzendbureau treedt op als medium tussen de wervende organisatie en de arbeidsmarkt.

Bij vacatures geplaatst door uitzendbureaus krijgt men vaak geen inzicht in de wervende organisatie. De identiteit van de betreffende organisatie wordt meestal pas prijsgegeven tijdens het daadwerkelijke interview. Men kan zich in eerste instantie dan ook slechts concentreren op het functieprofiel. Als men zich dus sterk kan identificeren met het geschetste profiel, en de identiteit van de wervende organisatie bij aanvang onbekend blijft, zal de voorbereiding dus geen brede dimensie aannemen. Daarmee zal er ook minder druk worden uitgeoefend op je voorbereiding en je persoonlijke presentatie.

Uiteraard is het van belang dat je je altijd goed verzorgd en correct gekleed presenteert. Het dragen van een kostuum of een elegant mantelpakje zal voor een bezoek aan het uitzendbureau iets te gewichtig zijn. Uit eigen ervaring weet ik dat zelfs het dragen van een colbert als pretentieus ervaren kan worden. Je doet er dan ook wijs aan om je casual-formeel te kleden.
Rekeninghoudend met het bovenstaande gelden ook voor het interview bij het uitzendbureau de fundamentele richtlijnen zoals deze eerder werden beschreven.

Het telefonische interview

Je hebt gereageerd op een vacature en wordt vervolgens uitgenodigd voor een telefonisch interview. Vaak word je hier per e-mail voor benaderd. Een organisatie kan uit efficiëntie overwegingen kiezen voor deze methode. Ook in het kader van kostenbesparing zien we deze vorm steeds vaker de revue passeren.

Reserveer altijd voldoende tijd en zorg dat je bereikbaar bent op het gewenste tijdstip. Mocht het noodlot echter toeslaan, waardoor je niet bereikbaar bent, zorg dan op zijn minst voor een professioneel ingesproken voicemail. In een dergelijke situatie zal dit namelijk nog de enige kans zijn waarop je je professioneel kunt profileren.

Je voorkomen zal in de context van het telefonische interview een ondergeschikte rol spelen. Je kunt het gesprek dan ook ongeschoren en in je pyjama tegemoet treden zonder dat de kwaliteit van het gesprek hieronder hoeft te lijden. Let wel dat kleding invloed kan uitoefenen op je gemoedstoestand, wat zich kan vertalen naar je intonatie en taalgebruik. Het klinkt misschien abstract maar je doet er wijs aan om je ook voor het telefonische interview in passende stijl te kleden.

Het feit dat je het telefonische interview kunt aangaan in je eigen thuissituatie zal de nodige ontspanning met zich meebrengen. Desalniettemin adviseer ik je stellig om niet op de bank achterover te leunen of te gaan liggen. Een actieve houding houdt je scherp en alert. Je doet er dan ook wijs aan om tijdens het gesprek te staan of door je kamer te lopen. Een dynamische houding zal namelijk ook de dynamiek van het gesprek ten gunste komen.

Het interview kan het best in een stille ruimte benaderd worden. Sluit vensters en deuren als je in een rumoerige omgeving woont en zorg dat je radio uit staat. Je dient je dan ook volledig te kunnen concentreren op de stem van je interviewer.

Aangezien je nu wel direct met de organisatie in contact treedt, is een goede voorbereiding van cruciaal belang. Men kan je in eerste instantie slechts beoordelen aan de hand van je CV, de daarop afgebeelde profielfoto, je motivatiebrief en het screenen van Social Media. Je dient er voor te zorgen dat je verhaal synchroon loopt met de informatie die je hebt aangereikt. Zoals we al konden lezen, is je authenticiteit en consistentie in je verhaal hetgeen men tijdens het interview zichtbaar wil krijgen. Je dient daarnaast goed beslagen ten ijs te komen. Een en ander omdat je geen gebruik kunt maken van je lichaamstaal, je presentatie en misschien je zeer uitgesproken charme. Je zult dan ook worden beoordeeld op grond van de inhoud van het gesprek en de indruk die je bij je interviewer hebt achtergelaten. Wederom is een goede voorbereiding je sleutel tot succes.

Rekeninghoudend met het bovenstaande gelden ook bij het telefonische interview de fundamentele richtlijnen zoals deze eerder werden beschreven.

Het Skype interview

Je hebt gereageerd op een vacature en wordt vervolgens uitgenodigd voor een Skype interview. Vaak word je hier per e-mail voor benaderd. Net zoals bij het telefonische interview kan een organisatie uit efficiëntieoverwegingen kiezen voor deze methode. Ook in het kader van kostenbesparing zien we deze vorm steeds vaker de revue passeren.

Je dient het Skype interview op dezelfde manier te benaderen als het conventionele interview. Je dient je dan ook goed voor te bereiden waarbij je ervoor zorgt dat je de organisatie en het functieprofiel van haver tot gort kent. Daarnaast is het van belang dat je een actuele versie van Skype hebt geïnstalleerd op je computer of telefoon. Beide moeten in staat zijn om de applicatie optimaal te laten presteren.

Aangezien men je nu kan zien, speelt je presentatie een grote rol. Je doet er dan ook wijs aan om je voor het Skype interview in passende stijl te kleden. Al zal het dragen van een kostuum of deftig mantelpakje ook hier iets te gewichtig zijn. Casual-formeel lijkt wederom de beste keuze. Dit maakt je toegankelijk met een formeel tintje.

Ook is het van belang dat je verzorgd en georganiseerd overkomt. Zorg voor een kalme achtergrond en verwijder eventueel zichtbare rommel.

Het interview kan het best in een stille ruimte plaatsvinden. Sluit vensters en deuren als je in een rumoerige omgeving woont en zorg dat je radio uit staat. Je dient je dan ook volledig te kunnen concentreren op de stem van je interviewer.

Of je het Skype interview nu via je computer of je Smartphone houdt, ik adviseer je om altijd op een comfortabele stoel plaats te nemen waarbij je een rechte houding aanneemt. Dit zal door je gesprekspartner als prettig worden ervaren aangezien hij of zij een soortgelijke positie zal aannemen. Er dient dan ook altijd een symmetrie aanwezig te zijn in de aangenomen gesprekshouding.

Het rondlopen met de telefoon is niet wenselijk aangezien het te veel dynamiek toevoegt aan het gesprek. Je gesprekspartner heeft dan ook geen belangstelling voor een virtuele rondleiding. Positioneer je toestel dusdanig dat je hoofd en schouderlijn goed zichtbaar zijn en gebruik hiervoor liefst een statief. Als je geen statief beschikbaar hebt, en je dus gedwongen wordt om het toestel zelf vast te houden of om je lichaam als statief in te zetten, adviseer ik je om het toestel te ontdoen van eventuele hoesjes. Dat zorgt namelijk voor een betere grip en voorkomt de kans op onnodig dichtklappen van het hoesje.

Rekeninghoudend met het bovenstaande gelden ook bij het Skype interview de fundamentele richtlijnen zoals deze eerder werden beschreven.

De Speeddate

Als je werkloos bent, zul je waarschijnlijk al vaak een uitnodiging hebben ontvangen voor een zogenaamde 'speeddate'. Meestal ontvang je deze uitnodiging van het UWV, de sociale dienst of een uitzendbureau. Soms zien we dat ook een werkgever een speeddate organiseert.

Maar wat is nu precies een speeddate? Meerdere uitzendbureaus of werkgevers verzamelen zich op een locatie en tonen ter plaatse hun vacatures. De intercedent of de werkgever en de werkzoekende komen er vervolgens in een kort gesprek achter of ze iets voor elkaar kunnen betekenen. Als dat het geval blijkt te zijn, zal er een vervolgafspraak gemaakt worden bij het uitzendbureau of de organisatie zelf.

De speeddate, zoals het woord al impliceert, zal slechts enkele minuten in beslag nemen. Bij het speeddaten staat de eerste indruk dan ook centraal. Je dient je dus correct te profileren. Een goede voorbereiding is dan ook cruciaal. Inventariseer je behoeften, ken je competenties en kwalificaties en weet deze te vertalen naar een passende functie. Als je vervolgens in gesprek raakt met een uitzendbureau of werkgever ben je in staat om in een zeer korte tijd een duidelijke profielschets achter te laten. Men zal zo snel kunnen anticiperen op een passende vacature.

Ondanks dat deze constante stroom van 'elevator pitches' je misschien niet op het lijf is geschreven, is het toch raadzaam om hieraan deel te nemen. Onderzoek wijst namelijk uit dat het speeddaten loont. Uit onderzoek onder uitzendondernemingen in 2013 werd aangetoond dat er gemiddeld 1,7 plaatsingen per speeddate per uitzendonderneming werden gerealiseerd. Uit een onderzoek naar het speeddaten in 2011 lag dit aantal nog slechts op 1,07.

In de loop der jaren heeft het speeddaten zich sterk geëvolueerd. Bij de introductie van het speeddaten werden er voornamelijk algemene speeddates georganiseerd. Deze werden vaak te breed opgezet waardoor er veel sprake was van 'mis match'. Tegenwoordig is er dan ook een grotere behoefte ontstaan om vraag en aanbod beter op elkaar af te stemmen. Het resultaat is dat er tegenwoordig meer speeddates georganiseerd worden voor een specifieke branche, doelgroep of zelfs locatie. Door op deze manier te specificeren, creëert men meer binding bij zowel de uitzendonderneming, de werkgever en de werkzoekende. Maatwerk vindt dan ook sneller invulling. Dit komt doordat enkel die werkzoekenden worden aangetrokken die interesse hebben om te werken in de betreffende branche, doelgroep of locatie. De kans op een juiste match wordt hierdoor aanzienlijk vergroot.

De 'Elevator pitch'

In het verlengde van de speeddate is de zogenaamde 'elevator pitch' (elevator = lift; pitch = verkooppresentatie) je krachtigste wapen. De naam impliceert de tijdsduur waarin een lift van de begane grond naar de bovenste verdieping gaat. De afkomst suggereert dat men de eerste elevator pitch in een lift hield en daardoor gedwongen werd om in een zeer korte tijd de boodschap helder over te brengen.

Een elevator pitch is een persoonlijke presentatie die zo'n 30 tot 60 seconden in beslag neemt. Een presentatie waarin je je identiteit prijsgeeft, je competenties en kwalificaties schetst, hoe deze zich vertalen naar een toegevoegde waarde voor de werkgever en waar je naar op zoek bent. Dat is dus heel veel informatie in slechts één minuut.

Het is dan ook noodzaak dat je de elevator pitch goed voorbereidt. Je concentreert je dan ook het best op de kern van je boodschap. Ik adviseer je zelfs om je pitch te timen met een stopwatch. Je dient je gesprekspartner dan ook te intrigeren en dat kan alleen als je in staat bent om je boodschap met helderheid en bravoure uit te dragen. Je dient dan ook goed beslagen ten ijs te komen. Oefen naast je pitch ook het aannemen van een zelfverzekerde lichaamshouding. Aangezien de tijd voor je betoog van zeer korte duur zal zijn, zal ook je houding een grote rol spelen in de beoordeling door een potentieel werkgever.

De elevator pitch leent zich dus uitstekend voor gelegenheden waarin je niet beschikt over de tijd om je betoog uiteen te zetten. De speeddate en het persoonlijk benaderen van een werkgever tussen de bedrijven door, zijn situaties waarin de elevator pitch uitstekend tot zijn recht komt.

Het Assessment

Tegenwoordig zijn er steeds meer organisaties die vertrouwen op (online) assessments (assessment=beoordeling) voor het werven van de juiste kandidaat. Het doel van een assessment is om een compleet beeld van de sollicitant te verkrijgen. Op basis van de verkregen gegevens kan men een duidelijke prognose schetsen of de kandidaat geschikt is. Enkel na

het maken van een assessment zul je eventueel worden uitgenodigd voor een persoonlijk gesprek. Uiteraard kan het ook zijn dat je tijdens je sollicitatiegesprek onderworpen wordt aan een assessment.

Het assessment geniet de laatste jaren weer een opmars die dan ook goed te verklaren is. Veel werving- en selectiedeskundigen beschouwen het standaard kader als niet toereikend. Dit is het

kader waarin men enkel aan de hand van de sollicitatiebrief, het CV en het interview beoordeelt of de kandidaat beschikt over de gewenste capaciteiten. Een assessment kan de kracht van een goed CV en de begeleidende sollicitatiebrief dan ook elimineren.

Veel voorkomende vormen van assessments zijn de zogenaamde rollenspellen, casus interviews en vragenlijsten. Ook een combinatie van deze aspecten komt vaak voor.

In een rollenspel worden vaak situaties gesimuleerd waarin je bepaalde competenties moet laten zien. Men creëert bijvoorbeeld een situatie waarin je diplomatie zwaar op de proef wordt gesteld of waarin je een sterk beroep moet doen op je overtuigingskracht. Men zal ook je verbale vaardigheden willen toetsen door je bloot te stellen aan complexe vraagstukken of door verbale druk uit te oefenen.

Tijdens een rollenspel zullen er altijd situaties gesimuleerd worden die in het betreffende vakgebied als actueel beschouwd worden. Denk hierbij aan verkooptechnieken, klacht- en conflictmanagement, een productpresentatie of het adviseren van een cliënt. Men wil dan ook een duidelijk beeld krijgen van je capaciteit om informatie te analyseren, logische verbanden te leggen en eventuele problemen op te lossen. In rollenspellen worden dus realistische werksituaties nagebootst waarbij je je in een bepaalde vooropgezette rol moet manoeuvreren. Er zijn twee varianten mogelijk.

1. Twee kandidaten wedijveren tegen of met elkaar. Een nadeel kan zijn dat één van beiden de bevoordeelde of juist de benadeelde rol krijgt toegewezen.

2. Slechts één kandidaat betreedt het toneel en werkt samen met een gespecialiseerde trainer of psycholoog een opdracht uit. Het voordeel van deze variant is dat iedere kandidaat nauwkeuriger geobserveerd zal worden omdat men tegenover een neutrale rollenspelpartner staat. De objectiviteit zal in een dergelijke situatie dan ook makkelijk bewaakt kunnen worden.

Als je solliciteert bij een organisatie waar strategisch denken en een probleemoplossend vermogen als belangrijk worden beschouwd, is het niet onwaarschijnlijk dat je tijdens het sollicitatiegesprek een casus krijgt toegeschoven. Men verstrekt je een document waarop men een bepaalde situatie schetst. Vaak betreft het een probleemstelling en vraagt men naar je optiek. Net zoals bij het rollenspel zul je ook hier worden beoordeeld op je capaciteit om problemen op te lossen. Of om aanbevelingen te geven die zullen leiden naar een eventuele oplossing. Ook zal de casus een situatie beschrijven die in het vakgebied als actueel beschouwd mag worden.

Je dient je ter voorbereiding op het assessment hetzelfde voor te bereiden als op het sollicitatiegesprek. Weet waarom je de meest geschikte persoon bent voor de betreffende functie. Inventariseer je sterke en zwakke competenties, spreek duidelijk en gearticuleerd, wees bescheiden en blijf altijd jezelf.

Verbale en non-verbale communicatie

Bij een persoonlijk gesprek tussen twee of meer personen, zonder het gebruik van een medium zoals een telefoon of een computer, wordt zo'n 55% van het gesprek bepaald door de mimiek, de lichaamshouding, gebaren en bewegingen. Circa 38% van het gesprek wordt bepaald door de stem, de intonatie, de spreeksnelheid en het volume waarop men spreekt. Slechts zo'n 7% van het gesprek wordt daadwerkelijk bepaald door de inhoud.

Bij een telefonisch gesprek zien we dat deze percentages juist enorm afwijken. Mimiek, lichaamshouding en dergelijke hebben in deze situatie een indirecte en beperkte invloed op het gesprek. We zien dat zo'n 55% van het gesprek wordt bepaald door de stem, de intonatie, de spreeksnelheid en het volume waarop men spreekt. Circa 28% wordt bepaald door de inhoud van het gesprek en zo'n 17% wordt bepaald door de mimiek, de lichaamshouding, gebaren en bewegingen.

Als je je dus voorbereidt op een interview, is het raadzaam om rekening te houden met het bovenstaande. Zet hoog in op de aspecten die tijdens het interview als bepalend worden beschouwd. Tenslotte zijn het allemaal aspecten die onder je regie vallen en waar je dus volledige controle op kunt uitoefenen. Analyseer je manier van verbale en non-verbale communicatie dan ook kritisch. Dit kan bijvoorbeeld door je omgeving in te schakelen. Probeer eventuele oneffenheden dan ook glad te strijken. Misschien kan een communicatietraining voor jou zelfs van toegevoegde waarde zijn.

Actief luisteren

Je zou misschien verwachten dat men als luisteraar een passieve rol uitdraagt. Het tegendeel is waar. Luisteren vergt inspanning, aandacht en daarnaast de nodige concentratie. Om de boodschap van de ander goed te begrijpen, is het van belang om de essentie of te wel de kern van de boodschap te achterhalen. Binnen de communicatie kan men drie lagen onderscheiden.

1. De inhoud
2. De procedure
3. Het proces

De inhoud is hetgeen iemand vertelt. De kern van de boodschap kan achterhaald worden door gerichte vragen te stellen. De procedure heeft betrekking op de manier waarop iemand iets vertelt. Men kan dan ook controleren of men de boodschap heeft begrepen door de essentie samen te vatten of te herformuleren. Het proces illustreert de betrekkingen tussen de spreker en de luisteraar. Dit betreft ook de emoties die tijdens de communicatie plaatsvinden. Door te reflecteren en empathie te tonen kan men laten zien dat men de emoties onderkent en respecteert. Actief luisteren kan dus onderverdeeld worden in drie technieken.

5.
Gezondheid & Integratie

Gezondheidsproblematiek

Als je gezondheidsproblemen hebt, kan dit door een werkgever worden ervaren als een rode vlag. Een vlag waarvan de omvang je deskundigheid en intellect vaak volledig zal overschaduwen. In onze maatschappij wordt het consumeren en het produceren verheerlijkt. Alle vormen van bewustzijn die niet bijdragen aan het consumeren dan wel produceren, worden veelal gestigmatiseerd. Gezondheidsproblemen worden dan ook vaak in verband gebracht met een onvermogen om te produceren. Deze dogmatische overtuiging maakt een dienstverband vaak onmogelijk.

Sociaal-maatschappelijke conditionering heeft er dan ook voor gezorgd

dat veel personen hun 'handicap' verzwijgen. Je bent bang dat je hierdoor de afstand tot de arbeidsmarkt vergroot, dat je in een sociaal isolement terecht zal komen of dat een toenemende bureaucratie beslag zal leggen op de levensvrijheid. Een andere factor is het feit dat je geen voorkeursbehandeling wilt krijgen en het op 'eigen kracht' wilt bereiken. Vaak loop je hierdoor op je tenen. Ook het ophouden van deze façade kan zich ontwikkelen tot een ware last. Het is dus voornamelijk angst die ervoor zorgt dat iemand zijn gezondheidsproblemen liever verzwijgt.

Je bent uitgenodigd voor een interview omdat je qua competenties en kennis goed aansluit op het gewenste profiel. Ondanks deze kennis kan de anticipatie naar een eerste sollicitatiegesprek, wetende dat je je gezondheidsproblematiek dient prijs te geven, een zenuwslopend proces zijn. Je toegift zal dan ook in een gewichtige context gaan plaatsvinden. In die zin dat je bekentenis van geringe of juist van grote invloed zal zijn op het besluit van de werkgever. Hoe dan ook zal het vermelden van gezondheidsproblemen een andere wending geven aan het gesprek.

Naast de alom bekende nadelen kunnen er ook voordelen ontstaan. Door je kwetsbaar op te stellen zul je je gesprekspartners ervan weerhouden om verdere façades te penetreren. Je transparantie zal dan ook zorgen voor meer begrip en een efficiëntere communicatie tijdens het gesprek. Je eerlijkheid kan zelfs de zogenaamde 'gunfactor' teweegbrengen. Je oprechtheid wordt dan als dermate verfrissend ervaren dat men je niet uit het geheugen kan krijgen. Je staat als het ware op het netvlies gebrand en het wordt je dan ook gegund.

Ervaar je problemen met je gezondheid die niet hinderlijk zijn voor het uitvoeren van je werk, bepaal dan zelf welke informatie je prijsgeeft. Als je echter gezondheidsproblemen ervaart die je integratie tot de arbeidsmarkt en je functioneren op de werkplek beïnvloeden, dan adviseer ik je om dit tijdens je gesprekken met intermediairs en werkgevers kenbaar te maken. Hoe en wanneer je dit het beste kunt doen, zal ik toelichten in het hoofdstuk TIJDSTIP VAN BEKENDMAKING GEZONDHEIDSPROBLEMATIEK.

Het kerncompetentiekwadrant

Als je gezondheidsproblemen ervaart, kan het opstellen van een kerncompetentiekwadrant een goed hulpmiddel zijn. Door je kerncompetenties in kaart te brengen, blijkt namelijk vaak dat je 'handicap' helemaal niet zo groot is als je zelf denkt. Als je al je kerncompetenties inzichtelijk hebt, is het ook een stuk makkelijker om deze tijdens een gesprek kenbaar te maken. Door je kerncompetenties te benoemen laat je namelijk zien dat je je 'handicap' niet als een handicap ervaart. Dat je je juist bewust bent van je kwaliteiten en deze bovendien succesvol weet te vertalen naar resultaten. Je dwingt je gezondheidsproblemen als het ware naar de achtergrond.

Een begin kan gemaakt worden door een inventaris te maken van je kerncompetenties, je valkuilen, je uitdagingen en je allergieën. Je kerncompetenties zijn je meest krachtige persoonseigenschappen. Je valkuilen zijn daarentegen zwaktes. Zwaktes die ontstaan als je tot uitersten doorschiet in je kerncompetenties. Uitdagingen zijn persoonlijke aspecten die je ervaart als verbeterpunten en allergieën zijn aspecten waardoor potentiële omgevingsconflicten kunnen ontstaan.

Stel jezelf de vraag welke kerncompetenties een goede aansluiting vinden op het functieprofiel. Noem voorbeelden waarin je deze kerncompetenties succesvol hebt weten te vertalen naar de praktijk. Benoem ook je uitdagingen en je visie omtrent het benaderen van deze aspecten. Dit is het arsenaal waarmee je jezelf uitrust voor het sollicitatiegesprek.

Als je het moeilijk vindt om een dergelijke inventaris op te stellen, tref je op de volgende pagina een voorbeeld van mijn eigen inventaris. Ook kun je dit vraagstuk samen met een arbeidsintegratiecoach behandelen.

Zelf heb ik het voorrecht gehad om tijdens mijn integratieproces in aanraking te komen met een bijzonder toegewijde integratieconsulente. Zij heeft mij destijds dan ook geadviseerd om een kerncompetentiekwadrant op te stellen, waarmee zij op haar beurt een enorme bijdrage heeft geleverd aan mijn integratie. Langs deze weg hoop ik nu hetzelfde voor jou te kunnen betekenen.

Competentie	Valkuil	Uitdaging	Allergie
Abstract denken	Metacognitie (kritisch denken over denken)	Waken voor passiviteit in handelen	Onbewuste handelingen
Accuraat	Muggenziften	Accepteren dat perfectie niet bestaat	Slordigheid
Attent	Attentheid kan eenzijdig zijn	Geven en nemen in goede balans	Egoïsme
Betrouwbaar	Men wordt al snel een vertrouwenspersoon	Anderen leren in vertrouwen te nemen	Wantrouwen
Collegiaal	Toewijding kan eenzijdig zijn	Geven en nemen in goede balans	Egoïsme
Correct	Emoties worden gecamoufleerd	Emotie mag getoond worden	Onbeleefdheid
Eloquent	Te formeel taalgebruik in woord en schrift	Taalgebruik beter afstemmen op omgeving	Grof taalgebruik
Geconcentreerd	Obsessieve vasthoudendheid	Op tijd inlassen van rustpauzes	Nonchalant gedrag
Gecontroleerd	Statisch	Dynamisch	Willekeur
Gedisciplineerd	Obsessieve vasthoudendheid	Leren om los te laten	Ongedisciplineerd

Het Dunning-Krugereffect

Door intense zelfreflectie ben je in staat om je eigen capaciteiten en beperkingen helder in kaart te brengen. Toch hebben wij als mens de neiging om onszelf competenter of zelfs incompetenter in te schatten. Dit psychologische verschijnsel noemt men het Dunning-Kruger effect. Het fenomeen werd onderzocht door twee psychologen, genaamd Justin Kruger en David Dunning, die destijds verbonden waren aan de Cornell University in de Verenigde Staten.

Het Dunning-Krugereffect treedt bijvoorbeeld op bij incompetente personen die door een gebrek aan intellectuele vermogens niet in staat zijn om in te zien dat hun gedrag soms fout is. Doordat men zich overschat, waant men zich dus overcompetent. In contrast zien we dat personen die bovengemiddeld competent zijn zichzelf juist vaak onderschatten. Dit is vaak te wijten aan een gebrek aan intellectueel zelfvertrouwen.

Ik wil je daarom stellig adviseren om het kerncompetentiekwadrant samen met je vrienden of familie op te stellen. Dit stelt je namelijk in staat om te kijken in hoeverre het Dunnig-Krugereffect een rol speelt. Als je je bewust bent van dit effect kun je namelijk een zeer nauwkeurige inventaris opmaken.

Tijdstip van bekendmaking gezondheidsproblematiek

Ondanks dat er geen uniforme manier van interviewen bestaat, zien we dat de basis vaak berust op dezelfde structuur. Vrijwel altijd zal men je dan ook vragen om iets over jezelf te vertellen. Wie je bent, waar je voor staat en wat je zoal interesseert. Een werkgever zal je dan ook niet snel vragen stellen over je gezondheid. Toch komt het wel eens voor dat men hier van afwijkt.

Als men je vragen begint te stellen over je gezondheid, dan heb je het recht om te vermelden dat je geen antwoord wenst te geven. Let wel dat een dergelijke reactie kan zorgen voor terughoudendheid aan de overkant van de tafel. Door geen antwoord te geven, wek je namelijk de suggestie dat je iets te verbergen hebt. Hoe kan je dit nu het beste aanpakken?

Dit is ten eerste afhankelijk van de aard van je gezondheidsproblemen. Er zijn namelijk bepaalde situaties waarin je verplicht bent de werkgever in te lichten omtrent je gezondheid. Dit moet als er sprake is van het onderstaande:

- Niet alle taken binnen het functiekader kunnen naar behoren worden uitgevoerd

- Je hebt meer tijd nodig voor het werk dan je collega's

- Je bent door gezondheidsproblematiek regelmatig afwezig

- Je hebt een aangepaste werkplek nodig

Ervaar je problemen met je gezondheid die je niet hinderen om je functie uit te voeren, bepaal dan zelf welke informatie je prijsgeeft. Je zou ervoor kunnen kiezen om kort aan te geven in welke gezondheid je verkeert om vervolgens het gesprek naar een ander onderwerp te leiden.

Als er echter sprake is van de bovenstaande criteria, dan is het belangrijk dat je transparant blijft. Spreek dan ook openlijk over je gezondheidsklachten. Als je verzuimt om je werkgever in te lichten, en je onverhoopt ziek wordt tijdens het uitvoeren van je werk, kan dit nare gevolgen hebben voor je carrière.

Ik zou je zelfs willen adviseren om het een en ander voor te bereiden zodat je goed beslagen ten ijs komt. Maak daarbij dan ook gebruik van het Kerncompetentiekwadrant. Benoem welke kerncompetenties een goede aansluiting vinden op het functieprofiel. Noem voorbeelden waarin je deze kerncompetenties succesvol hebt weten te vertalen naar de praktijk. Zoals eerder vermeld, is het belangrijk dat je gezondheidsproblemen naar de achtergrond dwingt. Door je pluspunten uit te vergroten, maak je je gezondheidsproblemen als het ware ondergeschikt.

Als je gezondheidsproblemen kenbaar wilt maken, ontstaat al snel de vraag wat nu het meest geschikte tijdstip is. Hierop zijn meerdere variabelen van invloed. Is je problematiek van lichamelijke aard, dan zal de erkenning een betere voedingsbodem vinden dan dat je problematiek geestelijk van aard is. Zo zullen de behoeften van iemand met een geamputeerd been makkelijker en sneller begrepen worden dan die van een persoon gediagnosticeerd met PDDNOS (Pervasive Disability Disorder Not Otherwise Specified).

Als vuistregel kun je hanteren dat hoe abstracter je problematiek is, met andere woorden hoe abstracter je problematiek ervaren zal worden door je gesprekspartner, hoe later je het in het gesprek kenbaar maakt. Het midden of het einde van het interview is dan ook een goede gelegenheid om het een en ander kenbaar te maken. Hiermee voorkom je dat je je gesprekspartner overvalt met termen die voor hem of haar vaak onbekend zijn. Hierdoor kan de focus zich tijdens het gesprek verplaatsen naar de definitie en de facetten van de problematiek. Je zult in zo'n geval goed je best moeten doen om onjuiste associaties en stigmatiserende overtuigingen, vaak afkomstig uit onwetendheid, te elimineren. Dit gaat ten koste van die krachtige competenties waarover je beschikt en hoe succesvol deze hun aansluiting vinden op het profiel.

Daarnaast kan het zijn dat de werkgever misschien een bepaald script voor ogen heeft. Je bekendmaking kan ervoor zorgen dat de aandacht van het script verschuift naar jouw problematiek. Deze wending kan bij een stugge personeelsfunctionaris zorgen voor minder ontvankelijkheid. Hierdoor kan er kwaliteitsverlies in het gesprek optreden.

Rekeninghoudend met het bovenstaande is het dus belangrijk dat je zorgvuldig het juiste moment kiest. De onderstaande tabel geeft je geen garanties, maar zou je wellicht wel een handje kunnen helpen.

Gezondheids- problematiek	Tijdstip van bekendmaking tijdens interview		
	Aanvang	Midden	Eind
Lichamelijke problematiek	Zichtbare problematiek	Minder abstracte en/of onzichtbare problematiek	Meer abstracte en/of onzichtbare problematiek
Geestelijke problematiek		Minder abstracte problematiek	Meer abstracte problematiek

De inschatting van de mate van abstractheid berust op eigen inzicht. Denk aan de vuistregel dat hoe abstracter je problematiek ervaren zal worden door je gesprekspartner, hoe later je het in het gesprek kenbaar maakt.

De werkervaringsplek (WEP)

Als er sprake is van gezondheidsproblemen, kan het moeilijk zijn om een werkgever te overtuigen. Ondanks dat je misschien over de juiste competenties, kwalificaties en ervaring beschikt. In zo'n geval kan de werkervaringsplek wellicht een uitkomst bieden.

Een werkervaringsplek kan gezien worden als een tijdelijke arbeidsplaats voor langdurig werklozen en herintreders. Het kan een plek zijn bij een werkgever waar je uiteindelijk hoopt om een contract te bemachtigen. Maar ook de Sociale Dienst waar je een werkervaringsplek betrekt als overbrugging tijdens je uitkering. Als je een werkervaringsplek gaat betrekken bij een werkgever, dien je over de garantie te beschikken dat de werkgever aan het eind van de proefperiode de oprechte intentie heeft om je een contract aan te bieden. Er moet tenslotte ook iets tegenover je tijdsinvestering staan.

Het betrekken van een werkervaringsplek dient meerdere doelen. Het meest primaire doel is het opdoen of het behoud van werkervaring. Daarnaast ben je ook in staat om weer een weekstructuur aan te brengen en een positieve werkhouding te cultiveren. Ook stelt een werkervaringsplek je in staat om je netwerk te verbreden en positieve referen-

ties af te dwingen. Tevens versterkt het je CV. Je kunt de werkervaringsplek dan ook als een 'normale' werkgever op je CV vermelden. Hiermee wek je de suggestie dat je 'regulier' aan het werk bent. De voordelen van het solliciteren vanuit een baan behoeft dan ook geen verdere toelichting.

Als je dus het gevoel krijgt dat het niet lukt om de werkgever tijdens het interview te overtuigen, dan kun je als troef de werkervaringsplek-kaart spelen. Je vertelt de werkgever dan dat het voor jou mogelijk is om voor een bepaalde tijd kosteloos te werken. Het is namelijk mogelijk om tijdens een proefperiode je uitkering te behouden als dit je integratie kan versnellen. Aangezien er voor de werkgever geen kosten zijn verbonden aan je verblijf, zal de drempel om je op te nemen binnen de organisatie aanzienlijk verlaagd worden. Het uitspelen van de WEP-troef kan dan ook een ontwapend effect hebben op de werkgever. Hierdoor kan men sneller geneigd zijn om je een kans te geven.

Let wel dat de duur van een WEP-periode in de praktijk zo'n drie tot zes maanden duurt en in essentie bepaald word door de gemeente. Je dient het een en ander dan ook goed af te spreken met zowel de werkgever en de gemeente.

6.
Vacaturekanalen

Vacaturesites

Het aanbod aan vacaturesites is tegenwoordig heel omvangrijk. Van overheid tot horeca en van de zorg tot aan groenvoorziening. In iedere vacaturevraag wordt wel door een specifieke site voorzien. In deze jungle is het dan ook raadzaam om enkel van sites gebruik te maken waarvan het vacatureaanbod overeenkomt met je eigen vakgebied. Sla deze sites dan ook op onder je favorieten. Zo kun je jezelf snel toegang verschaffen tot deze vacaturebronnen. Omdat de meeste professionele vacaturesites hun aanbod dagelijks verversen, is het raadzaam om deze

sites met regelmaat te screenen op passende vacatures. Dat klinkt misschien als een intens ritueel, echter, je zult al snel een efficiënte routine ontwikkelen.

Job Alert

Daarnaast kun je jezelf ook veel zoekopdrachten besparen door een zogenaamde 'Job Alert' te activeren. De meeste vacaturesites en intermediairs bieden je deze optie aan. Je geeft dan je branche- en functievoorkeur door en uiteraard je e-mailadres. Als er een passende vacature de revue passeert, krijg je automatisch een e-mail. Ontzettend handig dus. Zo blijf je gemakkelijk op de hoogte van de actuele vacatures in je vakgebied. Iedere voorsprong is dan ook mooi meegenomen. Helaas laat de praktijk zien dat veel Job Alerts geen aansluiting vinden op je profiel. Iets wat ik zelf nog altijd als een vreemd fenomeen beschouw. Rekeninghoudend met het feit dat we bij het instellen van de Job Alert allerhande voorkeurscriteria dienen te specificeren. Vaak krijg je dan via dezelfde Job Alert een vacature aangereikt die volledig afwijkt van je criteria. Desalniettemin mag je een gegeven paard natuurlijk niet in de bek kijken.

Helaas laat het solliciteren via vacaturesites nog veel te wensen over. Als werkloze zul je hier dan ook even doorheen moeten. Onderstaand treft je enkele scenario's waarmee je geconfronteerd kan worden.

De fantoomvacature

Een bekend fenomeen is tegenwoordig de zogenaamde fantoomvacature. Je vindt een passende vacature, maar bij nadere inspectie wordt je opeens doorverwezen naar een andere site. Hier kom je tot de conclusie dat de vacature niet meer actief is of opeens spoorloos is verdwenen. Ook sommige uitzendbureaus maken zich hieraan schuldig. Het vermoeden bestaat dat er soms fictieve vacatures geplaatst worden om daarmee de zo felbegeerde inschrijvingen te realiseren.

Afwijkende locaties

Ook de locatie kan soms nogal afwijken. Je solliciteert bijvoorbeeld op een vacature waarin men in de aanhef de locatie Maastricht vermeldt. Echter blijkt na bestudering van het functieprofiel dat de werkgever zich in Waardenburg bevindt. Waarschijnlijk ervaar je dan ook niet de behoefte om te verhuizen.

Schimmige ondernemingen

Ook duiken er vaak werkgevers op die hun identiteit niet willen prijsgeven. Desondanks probeert men je te lokken met succesverhalen over gouden commissies en ongelimiteerde carrièremogelijkheden. Negeer deze schimmige ondernemingen is mijn advies. Laat je dan ook niet overhalen tot het opgeven van persoonlijke informatie. Denk hierbij aan je bankgegevens, creditcardinformatie of andere persoonsgebonden data. Hoe je veilig kunt solliciteren zal ik toelichten in het hoofdstuk 'Veilig online solliciteren'.

De trend van onvermogen

Of je nu via een corporate site op een vaste aanstelling solliciteert of via een uitzendbureau op een tijdelijke functie, het eindstation van iedere sollicitatie blijft onveranderd. Ondanks dat de ontvangende partijen kunnen variëren van afdeling personeelszaken tot de intercedent, zal je geconfronteerd blijven worden met de trend van onvermogen. Dat betekent een lage reactiefrequentie, een trage reactiesnelheid, inhoudsloze afwijzingen evenals een gebrekkig inzicht in je kansen op de arbeidsmarkt.

Dubbele vacatures

Ook zal het je niet verbazen dat men vaak dezelfde vacature tegenkomt. Een gescreende 'buit' van bijvoorbeeld vijf vacatures kan daarmee in één klap gereduceerd worden tot slechts twee vacatures. Let dus goed op de inhoud van het functieprofiel om dubbele sollicitaties te voorkomen. Nu kan dat laatste uiteraard ook gezien worden als een dubbele kans. Je sollicitatie wordt tenslotte door twee of zelfs meerdere partijen tegelijk bemiddeld. Je doet er echter wijs aan om je kansen te spreiden en dus gevarieerd te solliciteren. Een platform waar je veel minder geconfronteerd zult worden met dubbele vacatures is LinkedIn. LinkedIn profileert zich dan ook als een site waar zo'n 38% van het vacatureaanbod uniek zou zijn. Met andere woorden staat deze 38% op geen enkele andere site vermeld. Het betreft helaas vaak vacatures voor het hogere segment, zowel HBO- als academisch niveau. Het vacatureaanbod voor MBO-niveau is op LinkedIn dan ook zeer schaars te noemen.

Veilig online solliciteren

Uiteraard is het belangrijk dat je sollicitatieactiviteiten geen negatief effect hebben op je welzijn of je veiligheid. Als je online solliciteert, dien je dan ook altijd waakzaam en alert te zijn. Onderstaand treft je enkele fundamentele richtlijnen die je online veiligheid zullen waarborgen.

☛ Je computer dient te beschikken over een actuele virusbeschermer en daarnaast moet je je Firewall te activeren. Zorg dan ook dat je beide up to date houdt. Hiermee kun je jezelf verzekeren van een constante veiligheid. Vaak worden virussen en andere schadelijke applicaties per e-mail verstuurd. Zodra je dan de corrupte bijlage opent, wordt het virus of het programma gelanceerd met alle schadelijke gevolgen van dien. Als je dus een e-mail ontvangt van een onbekende afzender doe je er wijs aan om deze direct definitief te verwijderen. Laat eventuele bijlagen dan ook ongeopend. Daarnaast dien je tegenwoordig ook waakzaam te zijn voor de zogenaamde

Phising e-mails die je door fraudeurs krijgt toegestuurd. Bij Phishing probeert de oplichter het slachtoffer naar een valse webpagina te lokken. Men heeft dan meestal als doel om persoonlijke gegevens te bemachtigen. Je dient dus altijd het zekere voor het onzekere te nemen.

☛ Verstrek nooit je persoonlijke gegevens zoals:
- Bankgegevens
- Creditcardgegevens
- Paspoortgegevens
- Rijbewijsgegevens
- Inloggegevens zoals je DigiD
- Burger Service Nummer (BSN) gegevens
- Gezinssamenstelling of relationele gegevens

☛ Het is niet gebruikelijk om geld over te maken naar een werkgever. Als men je hierna vraagt is de kans groot dat je met een oplichter te maken hebt.

☛ Zoals eerder beschreven is het raadzaam om schimmige ondernemingen volledig te negeren. Controleer altijd of de organisatie waar je solliciteert ook echt bestaat. Daarnaast is het ook belangrijk dat de organisatie zich op een ethische manier profileert. Als dat niet het geval is, dien je je sollicitatieactiviteiten direct te staken.

☛ Selecteer altijd een complex wachtwoord en verander dat regelmatig. Zo stel je jezelf veilig voor eventuele sabotage.

☛ Last but not least. Als je intuïtie je influistert dat iets niet in orde is, staak dan direct je sollicitatieactiviteiten.

De krant

In vrijwel ieder dagblad of wijkkrant is tegenwoordig wel een rubriek opgenomen waarin je vacatures kunt vinden. Meestal zijn dit vacatures geplaatst door lokale werkgevers. Sommige organisaties, waaronder zelfs zeer gerenommeerde, publiceren hun vacatures uitsluitend via de krant.

De behoefte voor het ontvangen van een fysiek dagblad is de laatste jaren sterk afgenomen. Tegenwoordig wordt de fysieke variant dan ook vaak vervangen door een digitale variant. De verschuiving van print naar het internet is de voornaamste reden voor de dalende advertentiebestedingen en de gestage reductie van oplages. De negatieve invloed van ons digitale klimaat op de ontwikkeling van het dagblad zal je dan ook niet ontgaan zijn. Vooral dit laatste decennium heeft deze trend zich sterk ontwikkeld.

De krant zal door de jongere generatie vaak genegeerd worden. Omdat 50-plussers veel minder gebruikmaken van het digitale platform, is het juist deze groep die een sterk beroep doet op de krant om vacatures te zoeken. We zijn vaak zo gefocust op moderne media dat we de conservatieve kanalen vaak negeren. Terwijl hierin nog altijd enorm veel nuttige informatie schuilgaat. Beschik je zelf niet over een dagbladabonnement vraag dan aan bekenden, waarvan je weet dat ze over de krant beschikken, om voor jou een oogje in het zeil te houden. Het zal je dan ook verrassen dat hier soms bijzonder passende vacatures uit voortkomen.

Sociëteiten

Sociëteiten zoals de Lions club en de Rotary club worden vaak bevolkt door gerenommeerde personen uit het bedrijfsleven. In deze 'heren'clubs tref je voornamelijk managers, directeuren en succesvolle zelfstandig ondernemers.
Als je in staat bent om als lid te mogen toetreden, zul je je contacten zorgvuldig moeten selecteren en cultiveren. Een lidmaatschap is namelijk niet vanzelfsprekend. je dient meestal te worden voorgedragen waarna je een selectieprocedure zult moeten doorlopen. Vergelijk het met een sollicitatiegesprek. Tegenwoordig kun je je interesse vaak ook kenbaar maken via het digitale platform.

Je kans van slagen zal bij een voordracht echter aanzienlijk vergroten. Als je op zoek bent naar een nieuwe baan kunnen deze kanalen veel perspectief bieden. De communicatielijnen met de beslissende partijen zijn namelijk zeer kort. Daarnaast valt het formele kader van beleid en protocol in een klap weg. Wel dien je er bij stil te staan dat het in dezen prestigieuze clubs betreft. Als je dit platform dus wilt gebruiken om daarmee een nieuwe baan te bemachtigen, zul je je moeten concentreren op een vacature op het tactische dan wel strategische niveau binnen het bedrijfsleven. Denk hierbij aan management-, staf- en directiefuncties.

Voor een operationele functie zoals winkelbediende of commercieel medewerker binnendienst ben je hier simpelweg aan het verkeerde adres. Je wilt je in een dergelijke context dan ook passend profileren.

Sollicitatieclubs

Tegenwoordig tref je ook steeds vaker sollicitatieclubs aan. Een groep bestaande uit lotgenoten die periodiek bij elkaar komen om ervaringen te delen, adviezen te geven en elkaar een hart onder de riem te steken.

Als je je laat omringen door lotgenoten krijg je al snel het gevoel begrepen te worden. Daarnaast ben ik van mening dat juist de perspectieven van lotgenoten zeer verhelderend kunnen zijn. Het meeste voordeel kan gehaald worden uit een gemengd gezelschap. Een groep waarin ieder lid de arbeidsmarkt vanuit een ander perspectief benadert en daarbij te maken krijgt met andere vormen van bureaucratie en sociaal-maatschappelijke barrières. Door de juiste strategieën en tactieken van je lotgenoten te adopteren, en door intens samen te werken, verkort je al snel je afstand tot de arbeidsmarkt.

Ook als je weer een baan vindt is het verstandig om als lid te blijven deelnemen. Je vormt nu namelijk een medium tussen werkend Nederland en de werkzoekenden. Misschien biedt zich binnen je orga-

nisatie of nieuw netwerk een kans aan. Hierdoor kun je wellicht een van je voormalig lotgenoten helpen om te ontsnappen aan langdurige werkloosheid.

Op LinkedIn en andere online kanalen tref je diverse clubs. De toegang is vaak laagdrempelig en de ontmoetingslocaties variëren van een zaaltje in het lokale trefcentrum tot de huiskamer van de oprichter. Ook kan het voorkomen dat men je vraagt voor een kleine bijdrage. Deze bijdrage is vaak benodigd voor de 'complementaire' spijs en drank of het betrekken van de faciliteit. Een klein bedrag met een torenhoog rendement moet je maar denken.

Netwerken

Zoals je al hebt kunnen lezen, dient het belang van netwerken niet te worden onderschat. Het komt dan ook steeds vaker voor dat vacatures via het persoonlijke netwerk worden ingevuld.

Het netwerk is het sociale spectrum waarin je je bevindt. Het zijn de personen die je gedurende je leven omringen. Je kunt hierbij denken aan je directe familie, je vrienden en je kennissen. Ook studiegenoten, collega's en verenigingsleden mogen tot je netwerk gerekend worden.

Het is voornamelijk de intensiteit en de duur van een relatie die de mate bepaalt waarin men bereid is om je te helpen. Hoe beter een persoon jou kent, hoe groter de bereidheid zal zijn om je te helpen. Naast het voordeel wat het kan opleveren bij de open sollicitatie, kan het persoonlijke netwerk ook fungeren als denktank. Ben dan ook transparant in je activiteiten en houd je persoonlijke netwerk hiervan op de hoogte.

Geef inzicht in de manier waarop je je CV en brief hebt opgesteld, hoe je de arbeidsmarkt benadert en waar het volgens jou fout gaat. Gebruik de feedback die je ontvangt om je benadering te optimaliseren. Je netwerk is eigenlijk een spiegel die het resultaat van je activiteiten kritisch kan reflecteren. Vooral als je omringd wordt door lotgenoten is het raadzaam om met deze personen van gedachten te wisselen. Waarschijnlijk kun je veel leren van elkaar. Koester je netwerk dan ook. Misschien dat je kruiwagen namelijk dichterbij is dan je denkt.

Onderstaand tref je enkele fundamentele richtlijnen die je kunnen helpen in het cultiveren van je netwerk.

☛ Creëer een duidelijk overzicht van je netwerk door je directe en indirecte contacten in kaart te brengen. Ook is het verstandig om naast de naam ook de expertise van de betreffende persoon in kaart te brengen. Naar alle waarschijnlijkheid zullen er ook veel contacten zijn die je misschien niet tot je eigen netwerk rekent. Toch kunnen dit belangrijke contacten voor je zijn omdat ook deze personen allemaal over hun eigen netwerk beschikken. Bedenk vervolgens op welke expertise je een beroep wilt doen en ben dan ook selectief in het benaderen van deze personen.

☛ Bij het benaderen van deze contacten dien je je behoeften zo concreet mogelijk te delen. Zo krijgt de ontvangende partij namelijk een duidelijk beeld van je wensen.

☛ Toon altijd je dankbaarheid aan degene die je bijstaat.

- Blijf je netwerk cultiveren en informeer je naasten als je weer werk hebt gevonden.

- Ben zelf ook bereid om anderen te helpen. Voor wat hoort wat, dus help een ander.

Werken in het buitenland

Als de arbeidsmarkt in Nederland je geen perspectief biedt, dan is werken in het buitenland nog altijd een optie. Bedenk echter goed hoeveel tijd je nodig hebt om een nieuwe carrière in het buitenland te starten. Je dient je naast het vinden van een nieuwe baan namelijk ook te bekommeren over eventuele huisvesting en belastingtechnische aspecten. Daarnaast zijn er nog veel andere variabelen waar je rekening mee moet houden. Zo dien je bijvoorbeeld de taal van het gekozen land te beheersen en dien je inzicht te hebben in de betreffende cultuur.

Tegenwoordig is het niet ongewoon om opgeroepen te worden voor werk in het buitenland. Meestal betreft het een functie zoals Klantenservice Medewerker voor grote multinationals met netwerken verspreid door geheel Europa. Men biedt je dan de kans om in een internationale werkomgeving te werken. Vaak samen met andere collega's uit Nederland en andere Europese landen. Als je dus al ambities hebt om naar het buitenland te vertrekken, is een dergelijke oproep een gouden ticket. Met name omdat je in je transitieperiode zult worden bijgestaan. Zo zal het vliegticket worden vergoed, zal er in de eerste weken voor huisvesting worden gezorgd en zul je hulp ontvangen bij de zoektocht naar een eigen woning. Een dergelijke transitie zal dan ook voor een groot deel gefaciliteerd worden door de werkgever, wat een hoop zorg uit handen zal nemen.

Werken als ZZP'er

Als je een formule hebt ontwikkeld waardoor arbeidsmarktintegratie niet meer noodzakelijk lijkt, dan kun je beginnen als ZZP'er. Dit staat voor Zelfstandige Zonder Personeel. Durf, volharding, specifieke vakkennis en een ondernemersgeest zijn de meest belangrijke eigenschappen voor een startende ondernemer. Durf is noodzakelijk omdat je je al snel op onbekend terrein zal bevinden. Je moet dan ook opnieuw leren navigeren en dat kan onwennig zijn. Volharding is een absolute noodzaak omdat het je niet altijd mee zal zitten. Je zult dan ook weerbaar moeten zijn tegen tegenslagen. Zonder specifieke vakkennis heeft het geen enkele zin om te starten als ondernemer. Als je product of dienst niet over de juiste kwaliteit beschikt, dan val je al snel door de mand bij opdrachtgevers en bij klanten. Daarnaast zul je uiteraard een gevoel voor ondernemen dienen te ontwikkelen en risico's moeten durven nemen.

Vrijwilligerswerk

Door vrijwilligerswerk te integreren in je dagelijks leven ben je in staat om een weekstructuur aan te brengen, specifieke kennis en ervaring op te doen, je netwerk te verbreden en misschien ben je zelfs in staat om een maatschappelijke bijdrage te leveren. Hoe dan ook bescherm je jezelf tegen waardeverlies.

Ook zullen veel werkgevers gecharmeerd zijn van je proactieve houding. Een eigenschap die binnen het bedrijfsleven sterk gewaardeerd wordt. Door vrijwilligerswerk uit te voeren kun je ook aantonen dat je over meer werkervaring beschikt dan je betaalde arbeidshistorie laat zien. Daarnaast ben je in staat om gaten in je CV op een effectieve manier te dichten. In die zin kan vrijwilligerswerk gezien worden als een investering. Het is dan ook raadzaam om vrijwilligerswerk te beschouwen als een reguliere baan en het vrijwilligerswerk dan ook als dusdanig op het CV te vermelden. Net zoals bij een werkervaringsplek, kun je

namelijk de suggestie wekken dat je momenteel een betaalde baan betrekt. We hebben al gelezen dat als men solliciteert vanuit een baan, men een voorkeurspositie heeft ten opzichte van een persoon met een afstand tot de arbeidsmarkt.

We kunnen concluderen dat actieve participatie je afstand tot de arbeidsmarkt dus zal verkorten. Het kan je integratie dan ook versnellen. Daarentegen kan er ook het tegenovergestelde worden bereikt. Personen kunnen zich op termijn namelijk gaan binden aan vrijwilligerswerk. Men gaat dan het maatschappelijk belang boven het persoonlijk belang stellen. Dit geldt slechts voor de 'hardcore' idealisten onder ons. Door het gebrek van perspectief en de vaak prettige sfeer maakt de vrijwilliger zijn werkplek tot een eiland. Dit doet men om juist te ontsnappen aan de arbeidsmarkt. In die zin kunnen we stellen dat de positieve aspecten van het vrijwilligerswerk de afstand tot de arbeidsmarkt kunnen vergroten.

Tijdens je werkloosheid is het uitvoeren van vrijwilligerswerk niet vrijblijvend. Als je een uitkering ontvangt, moet je vrijwilligerswerk voldoen aan bepaalde criteria. Ten eerste dient het vrijwilligerswerk onbetaald te zijn. Een vergoeding voor eventuele kosten is wel toegestaan al is dit verbonden aan bepaalde grensnormen. Maak dus duidelijke afspraken met het UWV of je gemeente. Daarnaast mag het vrijwilligerswerk niet worden uitgevoerd bij een commerciële organisatie of een familiebedrijf. Uiteraard mag het vrijwilligerswerk ook geen betaalde arbeid verdringen. Met andere woorden, het vrijwilligerswerk mag je kansen op het vinden van een passende baan niet verkleinen of op enige manier ondermijnen. Ook mag je geen vrijwilligerswerk uitvoeren waarvoor iemand zonder uitkering betaald zou worden. Het vrijwilligerswerk in arbeidstijd dient te worden gestopt als men een betaalde baan krijgt aangeboden. Uiteraard mag men in de eigen vrije tijd het vrijwilligerswerk blijven voortzetten.

Vrijwilligerswerk dient dus meerdere doelen. Uiteraard moet je je kunnen identificeren met het werk. Daarnaast is het verstandig om werk uit te voeren dat in overeenstemming is met het vakgebied waarin je wilt solliciteren. Dit is overigens niet altijd even makkelijk. Je inzet als vrijwilliger zal in ieder geval niet onderkend worden. Veel werkgevers beseffen dat een vrijwilliger sterk betrokken is bij de wereld om hen heen. Waarden die nodig zijn en sterk gewaardeerd zullen worden.

7.
Registratie & Analyse

Registratie

Het registreren van je sollicitatieactiviteiten is ontzettend belangrijk. Naast de registratie van je contactpersonen en je persoonlijke ervaringen, stelt het je ook in staat om analyses te maken. Door deze analyses kun je vervolgens weer prognoses schetsen. Analyseren betekent het systematisch ontleden van een complex probleem. Een prognose is een verwachting van hoe iets zal gaan verlopen. Door analyses te maken en prognoses te schetsen, ben je dus in staat om je strategie aan te passen. Daardoor kun je sneller die passende baan bemachtigen.

Voor het registreren van je activiteiten lijkt Microsoft Excel het meest geschikt. De zogenaamde 'spreadsheet' die ik gebruikte voor het registreren van mijn activiteiten bestond uit meerdere tabbladen. Zo gebruikte ik een tabblad voor mijn sollicitatieactiviteiten. Hierin registreerde ik alle opgevolgde vacatures. Daarnaast gebruikte ik een tabblad voor het registreren van mijn sollicitatiegesprekken en gebruikte ik een tabblad voor 'leads'. Dit waren vacatures waarop ik door uitzendbureaus werd voorgesteld, maar ook resultaten afkomstig uit mijn eigen netwerk.

Voor het registreren van alle genoemde activiteiten gebruikte ik het onderstaande format. Wellicht dat je het als leidraad kunt gebruiken.

Datum	Medium	Intercedent	Functie	Organisatie	Standplaats	Contact-persoon	Linkedin	Telefoon	E-mail	Bijzonder-heden	Resultaat

LEGENDA

Datum:	De datum waarop de sollicitatie werd verricht
Medium:	Het vacaturekanaal. Denk hierbij aan een website, een uitzendbureau of je netwerk
Intercedent:	Het bemiddelende uitzendbureau indien van toepassing
Functie:	De functietitel
Organisatie:	De naam van de betreffende organisatie
Standplaats:	De standplaats van de betreffende organisatie

Contactpersoon: De naam van je contactpersoon inclusief aanhef (dhr. of mevr.)
LinkedIn: Mijn advies luidt om zoveel mogelijk variabelen te registreren. Denk hierbij aan:
- Is je contactpersoon reeds een eerstegraad connectie?
- Heb je reeds een uitnodiging verstuurd?
- Heeft je contactpersoon wel of geen LinkedIn-profiel?
- Heeft je contactpersoon wel een LinkedIn-profiel maar accepteert men je uitnodiging niet?

Telefoon: Het telefoonnummer van de organisatie of je contactpersoon
E-mail: Het e-mailadres van de organisatie of je contactpersoon
Bijzonderheden: Dit zijn opmerkingen gerelateerd aan je sollicitatie.
Mijn advies luidt om wederom zoveel mogelijk variabelen te registreren zoals:
- De manier waarop je werd afgewezen indien van toepassing. Ontving je bijvoorbeeld een geautomatiseerde e-mail of werd je informeel via LinkedIn benaderd.
- De feedback die je ontvangt van een werkgever
- De inhoud en eventuele bijzonderheden van een sollicitatiegesprek
- Je eigen emoties en gedachten

Resultaat: Het behaalde resultaat bestaande uit:
Afgewezen: Je bent afgewezen voor de functie
Bevestigd: De ontvangst van je sollicitatie is bevestigd
Uitgenodigd: Je bent uitgenodigd voor een sollicitatiegesprek
Geen reactie: Je hebt geen enkele reactie mogen ontvangen

Kwartaalanalyse

Gedurende de jaren 2014 en 2016 heb ik mijn sollicitatieactiviteiten zorgvuldig geregistreerd en vervolgens geanalyseerd. Het betreft een analyse van het aantal sollicitatiegesprekken naar rato van het aantal opgevolgde vacatures uitgedrukt in een percentage. Het betreft operationele en managementvacatures binnen het commerciële segment bestaande uit Marketing, Sales en Customer Service. De sollicitatieactiviteiten concentreerden zich in Limburg.

Een bijzonder detail was dat zowel in het eerste als het laatste kwartaal van beide jaren het aantal sollicitaties in schril contrast stond tot het aantal sollicitatiegesprekken. In het tweede en derde kwartaal was er in beide jaren een significante stijging aanwezig in het aantal sollicitatiegesprekken terwijl het aantal sollicitaties juist afnam. 2016 bleek een beduidend beter jaar. Zoals de verhouding tussen het aantal opgevolgde vacatures en het aandeel van sollicitatiegesprekken duidelijk laat zien. Dit kwam doordat de provinciale arbeidsmarkt in 2016 iets krapper was dan in 2014.

2014	Vacatures	Gesprekken	Rato
Januari – Maart	62	5	8,06%
April – Juni	31	6	19,35%
Juli – September	25	3	12,00%
Oktober – December	42	2	4,76%
Totaal	160	16	10,00%

2016	Vacatures	Gesprekken	Rato
Januari – Maart	17	2	11,76%
April – Juni	6	2	33,33%
Juli – September	19	6	31,58%
Oktober – December	23	2	8,70%
Totaal	65	12	18,46%

Mijn analyse illustreert dan ook duidelijk het jaarritme dat werkend Nederland doorloopt.

Eerste kwartaal | Januari – Maart

De maand januari wordt vaak gebruikt voor het wegwerken van een eventuele back-log, de inzet en evaluatie van nieuwe bedrijfsstrategieën en jaarplanningen. Eind februari, aanvang maart daalt de productiviteit tijdelijk door het begin van de voorjaarsvakantie. In het eerste kwartaal kan men ook nog te maken krijgen met een eventuele griepgolf wat zijn neerslag zal hebben op de productiviteit. Deze tendens zet zich voort tot maart waarna de lente zich langzaam presenteert en de organisatie zijn 'flow' lijkt te hebben gevonden. Strategieën zijn gelanceerd, planningen lopen en het personeel heeft zijn structuur gevonden. Er ontstaat intern een duidelijk beeld betreffende de benodigde capaciteit om de gewenste doelstellingen te behalen.

Tweede & derde kwartaal | April – September

Bij aanvang van het tweede kwartaal zien we de kans om uitgenodigd te worden op een gesprek stijgen. In mei vindt de meivakantie plaats. Daarnaast constateren we in het tweede kwartaal ook enkele gebroken weken door diverse nationale feestdagen. Deze gebroken weken zorgen voor extra druk op het personeel. Vooral binnen de logistieke sector treedt dit sterk op de voorgrond. In de zomermaanden juli en augustus constateren we enige stagnatie in de productiviteit. Dit komt door vakantieperiodes en de zogenaamde 'bouwvak'. Medio augustus, aanvang september kan men weer hogere verwachtingen koesteren betreffende de kans om uitgenodigd te worden op een gesprek.

Vierde kwartaal | Oktober – December

Bij aanvang van het vierde kwartaal, de intrede van de donkere maanden, constateren we een stagnatie in de kans om uitgenodigd te worden voor een gesprek. De jaarlijkse griepgolf presenteert zich weer met daarnaast nog enkele gefragmenteerde vakantieperioden. Ook kan men bij aanvang van het vierde kwartaal last krijgen van de zogenaamde winterdepressie (Seasonal Affective Disorder). Ondanks dat slechts vijf procent van de Nederlanders last heeft van deze depressie, dien je de invloed die het heeft op de productiviteit en betrokkenheid van werkend Nederland niet te onderschatten. Met de verstedelijking van Nederland, en de daarmee gepaarde flexibilisering, neigen meer mensen ernaar om vanuit huis te werken of toevlucht te zoeken in vaak vensterloze kantoorruimtes. Bij een gebrek aan zonlicht zal er een afname optreden in het vitamine D, het serotonine- en het dopamineniveau. Hierdoor kan men zich neerslachtig voelen wat de productiviteit ernstig kan ondermijnen.

Uiteraard bestaan er ook formele redenen die de stagnatie beïnvloeden. Eind oktober ziet men bijvoorbeeld de herfstvakantie de revue passeren. De maanden november en december worden geconsumeerd door financiële jaarafsluitingen, grootschalige inventarisaties, archiveringswerkzaamheden, commerciële acties, jaarvergaderingen, recepties en ter afsluiting de kerstvakantie. Als je sector onderhevig is aan seizoensinvloeden kan hierin ook een duidelijke verklaring worden gevonden. Seizoensinvloeden hebben dan ook een sterke impact op de productiviteit en vraag naar personeel.

Media-analyse

Hiernaast vind je een analyse van de vacaturekanalen die ik heb gebruikt tijdens mijn zoektocht naar een baan binnen het commerciële segment. Het betreft gemiddelde indrukken die ik niet nader heb gespecificeerd.

Kanaal	Medium	Direct (Organisatie)	Indirect (Individu)
LinkedIn	Personeelszaken	Lage reactiefrequentie	Hoge reactiefrequentie
	Uitzendbureau	Trage reactiesnelheid	Hoge reactiesnelheid
		Formele/ geautomatiseerde reactie	Informele reactie
		Geen inzage arbeidsklimaat	Inzage arbeidsklimaat
Vacaturesite	Personeelszaken	Lage reactiefrequentie	Hoge reactiefrequentie
	Uitzendbureau	Trage reactiesnelheid	Hoge reactiesnelheid
	UWV/CWI	Formele/geautomatiseerde reactie	Informele reactie
		Geen inzage arbeidsklimaat	Inzage arbeidsklimaat
Uitzendbureau	Intercedent	Lage reactiefrequentie	Hoge reactiefrequentie
	Inhouse Intercedent*	Trage reactiesnelheid	Hoge reactiesnelheid
		Formele/geautomatiseerde reactie	Informele reactie
		Geen inzage arbeidsklimaat	Inzage arbeidsklimaat

*Inhouse Intercedent: Een Inhouse Intercedent werkt bij de klant in huis. Op basis van een op de klant afgestemde planning zorgt men dagelijks voor voldoende flexmedewerkers e.d.

Kanaal	Medium	Direct (Organisatie)	Indirect (Individu)
Krant e.d.	Personeelszaken Uitzendbureau	Lage reactiefrequentie Trage reactiesnelheid Formele/geautomatiseerde reactie Geen inzage arbeidsklimaat	Hoge reactiefrequentie Hoge reactiesnelheid Informele reactie Inzage arbeidsklimaat
Open sollicitatie	Personeelszaken Uitzendbureau	Lage reactiefrequentie Trage reactiesnelheid Formele/geautomatiseerde reactie Geen inzage arbeidsklimaat	Hoge reactiefrequentie Hoge reactiesnelheid Informele reactie Inzage arbeidsklimaat
Netwerkgesprek	(In)directe relatie	Op uitnodiging Nadruk op informatie inwinnen	Open/ Op uitnodiging Nadruk op informatie inwinnen

LEGENDA

Reactiefrequentie: Het aantal reacties in verhouding tot het aantal opgevolgde vacatures

Reactiesnelheid: De snelheid waarmee je een reactie ontvangt

Soort reactie: Je ontvangt een formele/geautomatiseerde reactie of een informele/persoonlijke reactie

Inzage arbeidsklimaat: Je krijgt wel of geen inzicht in het arbeidsklimaat van de organisatie

Kanaal

Beschrijft het kanaal waar de vacature werd gevonden.

Medium

Beschrijft de stations die de sollicitatie heeft moeten passeren. Denk hierbij aan afdelingen, organisaties e.d.

Direct (Organisatie)

Beschrijft mijn bevindingen als je een organisatie direct benadert. Dit is de situatie waarin je je via formele kanalen wendt tot de afdeling Personeelszaken of een HR-Functionaris. Als je voor de directe benadering kiest, krijg je te maken met concurrentie. Je bent nu slechts één op de stapel en je hebt in dat opzicht nog geen onderscheidende identiteit. Daarnaast dient men intern gehoor te geven aan protocollen, zowel functie-inhoudelijk als sociaal. Men reageert dan ook vanuit een gedicteerd kader. Een keurslijf wat de vaak formele benadering verklaart. Tijdsdruk speelt ook een grote rol. Er moet bijvoorbeeld plotseling een activiteit worden overgenomen waardoor je sollicitatie weer terug op de stapel belandt. Ook de 'half negen tot vijf' mentaliteit kan er toe aanzetten om je sollicitatie af te raffelen. Naast de genoemde redenen is de voornaamste oorzaak voor het uitblijven of laat ontvangen van een reactie, het feit dat het aantal sollicitanten tegenwoordig de 500 kan overstijgen. Een hele kluif voor vrijwel iedere HR-functionaris. Met het oog op productiviteit zal men je afwijzing dan ook snel willen afwikkelen. Vaak word je dan afgescheept met de welbekende geautomatiseerde afwijzing. Al het genoemde resulteert in weinig tot geen inzage in je perspectieven op een baan.

Indirect (Individu)

Verlang je een hogere reactiefrequentie, een hogere reactiesnelheid, open reacties maar ook meer transparantie in je perspectieven op een baan? Kies dan voornamelijk voor de indirecte weg waarbij je direct in contact treedt met personen die sleutelposities bekleden. Zij vormen dan ook de zogenaamde 'Gatekeepers' en zijn in staat om je toegang te verschaffen tot de organisatie. Kies je voor de indirecte weg, dan wordt men namelijk gedwongen om je direct te woord te staan. Kiest de persoon ervoor om je te benaderen via het sociale internet platform of in de eigen tijd? Dan vervalt vaak het hele keurslijf of speelt tijdsdruk niet langer meer een rol. Ook wil men vaak geen smet op het persoonlijke imago. Om dit te vermijden zal men dan ook op tijd en adequaat reageren. Dit vertaalt zich dan ook naar een hogere reactiefrequentie, een hogere reactiesnelheid, open reacties maar ook meer transparantie in je perspectieven op een baan.

Stabiliteit versus instabiliteit

In het verleden heb ik het voorrecht gehad om kennis te mogen maken met verschillende bedrijfstakken, bedrijfsculturen en product- en dienstenportfolio's. Al met al zeer verrijkend. Het alom bekende gezegde: 'Overal is wel wat', klopt als een bus. Zo werd ook ik geconfronteerd met organisaties waar een 'The sky is the limit' mentaliteit gehanteerd werd. Maar ook organisaties die zich op de rand van het faillissement bevonden.

Reflecterend naar de selectieprocessen waaraan ik destijds werd onderworpen, viel mij iets bijzonders op. Naast de vele variabelen betrokken bij het werving- en selectieproces, lijkt één component vaak over het hoofd te worden gezien. Bij de voorbereiding op het sollicitatiegesprek staart men zich vaak blind op de organisatiestructuur, het functieprofiel en de diensten- of productenportfolio. Terwijl de mate van stabiliteit waarin de organisatie verkeert van sterke invloed kan zijn op het verloop van je sollicitatiegesprek.

Met stabiliteit bedoel ik de mate van liquiditeit (het vermogen om kortlopende schulden te betalen), rentabiliteit (de winstgevendheid) en solvabiliteit (het vermogen om langlopende schulden te betalen). Mijn suggestie is namelijk dat stabiliteit binnen een organisatie onlosmakelijk verbonden is met een uitgebreid en weloverwogen werving- en selectietraject. Terwijl instabiliteit binnen een organisatie meer tolerante selectiecriteria teweeg zal brengen. Uiteraard is deze veronderstelling suggestief van aard en gebaseerd op mijn eigen ervaringen. Desalniettemin kan het misschien van waarde zijn in je sollicitatieproces.

Mijn theorie is namelijk dat hoe meer stabiliteit een organisatie geniet, hoe strenger de selectiecriteria zullen zijn. Naar alle waarschijnlijkheid zal men namelijk op zoek zijn naar een langetermijninvestering. Dit wordt dan ook toegestaan door de aanwezige financiële reserves en zal daarnaast bijdragen aan de reeds verworven continuïteit. De mate waarin je binnen de bedrijfscultuur en het team past, zal nu van gewicht zijn. Dit kan zich dan ook vertalen naar vragen die meer gericht zullen zijn op je persoonlijkheid. Daarnaast zal men je willen toetsen op je lerend en reflecterend vermogen. In deze turbulente economische tijden is deze organisatie in staat geweest om de continuïteit te waarborgen. Dat vergt een hoge mate van professionaliteit en zal ook voor toekomstige kandidaten de gewenste norm zijn. Het is dan ook waarschijnlijk dat de selectieprocedure zal bestaan uit twee of zelfs drie gesprekken waarbij ook teamleden of staffunctionarissen betrokken kunnen worden. De langetermijninvestering zal in deze context centraal staan en het werving- en selectieproces zal hier dan ook volledig op ingericht worden.

Instabiliteit zal in dat opzicht meer tolerante selectiecriteria teweegbrengen. Als een organisatie zich in een instabiele positie bevindt, kan dit uiteraard meerdere oorzaken hebben. De organisatie kampt met ondercapaciteit, heeft financieel zware klappen moeten incasseren wegens verloren marktterrein of misplaatste investeringen of misschien hebben de aanwezige faciliteiten enorme schade opgelopen. Als men zich in een toestand van malaise bevindt, dan zal de nood hoog zijn. De focus zal in dezen liggen op de korte termijn. Ook in deze context zal men je willen toetsen op je capaciteit om verworven kennis en kunde effectief in te zetten. Daarnaast zal uiteraard ook je lerend en reflecterend vermogen belicht worden. Het cruciale verschil is echter dat men je nu zo snel mogelijk operationeel wil krijgen om daarmee de vervolgschade zoveel mogelijk te beperken. Je mate van stressbestendigheid, flexibiliteit, druktolerantie en accuratesse vormen in deze situatie de meest gewenste competenties. De mate waarin je binnen de bedrijfscultuur en het team past, zullen dan ook van minder gewicht zijn. De selectieprocedure kan kort zijn en zich misschien zelfs beperken tot een enkel gesprek. De kortetermijninvestering zal in deze context centraal staan en het werving- en selectieproces zal hier dan ook volledig op ingericht worden.

De vragen waarmee je tijdens een sollicitatiegesprek geconfronteerd wordt, vormen dan ook een duidelijke graadmeter voor de situatie waarin een organisatie zich bevindt. Zijn de vragen meer afgestemd op de lange termijn, dan is stabiliteit waarschijnlijk de norm. Zijn de vragen daarentegen meer afgestemd op de korte termijn, dan is instabiliteit waarschijnlijk de norm.

8.
Werving & Selectie

Opdrachtgever versus kandidaat

Gedurende je werkloosheid zul je in aanraking komen met het brede spectrum binnen de werving en selectie. Zo zul je ook geconfronteerd worden met diverse benaderingen.

Binnen de werving en selectie worden doorgaans twee verschillende benaderingen gehanteerd. Overwegend zien we dat het belang van de opdrachtgever centraal wordt gesteld. Men neemt de opdrachtgever dus als uitgangspunt in de benadering naar de arbeidsmarkt. De opdrachtgever is de organisatie waarvoor de consulent of het uitzendbureau bemiddelt. In contrast daarmee zijn de organisaties die het belang van de kandidaat centraal stellen. Men neemt de kandidaat dus als uitgangspunt in de benadering naar de arbeidsmarkt. Je zult je misschien afvragen waarom er nauwelijks organisaties zijn die beide kanten gelijkwaardig stellen. Dat is simpelweg omdat er overwegend gehandeld zal worden in 'naam van' of 'in dienst voor'.

IN NAAM VAN DE OPDRACHTGEVER

Nederland kent een ruim aanbod aan uitzendbureaus en werving- en selectiedeskundigen. Ondanks dit ruime aanbod lijkt menig medium de belangen van de opdrachtgever centraal te stellen boven de belangen van de kandidaat. De opdrachtgever is dan de organisatie waarvoor de consulent of het uitzendbureau bemiddelt.

Vooral in sectoren zoals productie, horeca, detailhandel en contactcenters zien we dat het belang van de opdrachtgever vaak centraal wordt gesteld. Hierbij weegt snelle en efficiënte inzetbaarheid zwaarder dan investeren in training, begeleiding en scholing. Er wordt meestal van de kandidaat verwacht dat hij of zij snel presteert binnen vastgezette kaders. Sommige werkzoekenden kunnen zich hierin vinden. Het is namelijk een rol die doorgaans eenvoud met zich meebrengt en daarnaast zorgt voor een vaste structuur. Voor de sollicitant die in beton gegoten kaders als claustrofobisch ervaart, kan dit al snel aanvoelen alsof je wordt gereduceerd tot een nummer. Afgezien van de lage lonen kan hierin ook een verklaring worden gevonden voor het hoge personeelsverloop. Productiviteit is in deze sectoren vaak de norm en de prestatieverwachting staat niet altijd in verhouding tot de beloning die men ontvangt. Het faciliteren van groeimogelijkheden speelt overwegend een ondergeschikte rol.

Het belang van de opdrachtgever baseert zich in deze context voornamelijk op het genereren van omzet, het winnen van marktaandeel en het elimineren van concurrentie. Helaas lijkt deze houding ook vaak te worden geadopteerd door de bemiddelende partij. Dit is uiteraard logisch. Als de klantvraag verandert zal ook de aanbodzijde overeen moeten stemmen. Met de groei van het consumentisme, en de daarmee gepaarde stijgende vraag naar consumptie- en kapitaalgoederen, zien we de werkgelegenheid toenemen. Deze arbeidsbehoefte berust dan weer op het vermogen van snelle en efficiënte inzetbaarheid om daarmee weer in de toenemende behoefte van consumptie- en kapitaalgoederen te voorzien. We zien dan ook dat maatwerk binnen de werving en selectie langzaam verdwijnt en dat het waarborgen van de maandelijkse targets de voorkeur geniet.

Mijn situatieschets komt misschien wat grimmig over en uiteraard is het binnen de werving en selectie niet alleen maar kommer en kwel. Er zijn voldoende organisaties die erkennen dat de mens het meest waardevolle kapitaal is, wat de grootste investering vraagt maar ook het hoogste rendement oplevert. Zoals Richard Branson ooit stelde: 'Klanten komen niet eerst. Medewerkers komen eerst. Als je goed zorgt voor je medewerkers, zorgen je medewerkers goed voor je klanten.' Een ander citaat van hem dat ik de moeite van het vermelden waard vind luidt: 'Train je mensen goed genoeg zodat ze kunnen vertrekken. Behandel ze goed genoeg zodat ze niet willen vertrekken.'

In dienst voor de kandidaat

Gelukkig bestaan er ook recruiters die geloven in maatwerk. Het uitgangspunt voor deze professionals berust dan ook niet op vlotte bemiddeling maar op 'Custom Made' integratie. Voordat men voor je gaat bemiddelen, zul je zorgvuldig worden gescreend. Je competenties, kwalificaties, interesses, voorkeuren en afkeuren zullen zorgvuldig in kaart worden gebracht. Met deze inventaris zal men vervolgens proberen je onder te brengen bij een organisatie die voldoet aan je criteria. Op deze manier wordt dan ook de beste match totstandgebracht. Het is namelijk de persoon die de organisatie aanvult en niet andersom.

Het bemiddelingsproces zal bij dit medium iets afwijken van wat je gewend bent. Vier tot acht weken wachttijd is dan ook geen uitzondering. Je vraagt je misschien af waarom dit dan zo lang moet duren. De recruiter die zich heeft gespecialiseerd in deze manier van werving en selectie, heeft meestal slechts enkele kandidaten in portefeuille. Voor deze beperkte selectie wordt vervolgens een offensief gelanceerd. Men gaat op zoek naar een passende werkplek en zal de arbeidsmarkt dan ook sterk moeten bewerken. Dit mag je dan ook beschouwen als een fulltime job.

Niet iedere bemiddelaar is hiervoor in de wieg gelegd. Het zijn dan ook degenen met een enorme passie en kennis voor het vak die deze tak van sport naar behoren kunnen uitvoeren. Ze beschikken over sterk ontwikkelde competenties op het gebied van communicatie, zijn vaak doortastende interviewers en weten als geen ander een fundament van vertrouwen te scheppen. De arbeidsmarkt kent voor deze professionals dan ook geen geheimen.

Als tegenprestatie voor zijn inzet, kan men je vragen voor exclusiviteit. Met exclusiviteit wil men eigenlijk afdwingen dat je geen andere partijen voor je laat bemiddelen. De tijdsinvestering die gepaard gaat met je bemiddeling, zal namelijk hoog in de kosten oplopen. Men legt dan ook de nadruk op het woord 'investering'. Je dient hierbij je eigen proactiviteit dus te laten voor wat het is. Voor de ijverigen onder ons kan dat een enorme opgave zijn. Je mag er echter van uitgaan dat je vertrouwen niet geschaad zal worden. Je belangen zijn in goede handen. Let wel dat je aan een sollicitatieplicht gehoor dient te geven op het moment dat je een uitkering hebt. Maak dit dan ook kenbaar aan de maatwerker en kom tot een goede overeenkomst. Men zal begrip tonen voor je situatie en samen tot een passende oplossing komen.

In het verlengde van het bovenstaande wil ik nogmaals het contrast tussen beide belangen schetsen. Ditmaal aan de hand van een persoonlijke anekdote. Ik neem je terug naar het jaar 2012. Een jaar waarin ik mij zeer bewust werd van de contrasten binnen de werving en selectie en deze observaties ben gaan documenteren. Nu, jaren later, verdient het dan eindelijk een welverdiende plek in dit handboek. Om de discretie te bewaken heb ik geen namen genoemd.

Woensdag 26 september 2012

Vanochtend om 10:00 uur had ik mijn eerste sollicitatiegesprek van de dag bij een groot Callcenter in Maastricht. Het betrof de functie van Customer Service Medewerker voor een bekend sportkledingmerk. Het feit dat je meerdere talen voor deze functie moest beheersen, vond ik positief. Ik ben dan ook nogal een talenliefhebber. De mate van identificatie was daarnaast ook qua functie-inhoud zeer hoog te noemen.

Bij aankomst bleek mijn ontvangst als sollicitant alles behalve professioneel. De dame die mijn gesprekspartner was, liet naar mijn mening te veel steken vallen. Weinig oogcontact, geen persoonlijke interesse, een gehaaste houding en als klap op de vuurpijl werd mij niets te drinken aangeboden. Vrijwel direct werd ik in een nogal steriele kantoorruimte geplaatst waar ik na een beknopte inleiding direct kon beginnen met het afnemen van verschillende testen.

Zo werd er een casus geschetst van een man die kenbaar nogal wat problemen ondervond met de klantenservice van het sportmerk. Naar eigen inzicht moest ik hier op antwoorden in zowel het Nederlands, Engels als in het Duits.

Mijn Duits wat spreekvaardigheid betreft beschouw ik nog altijd als goed ontwikkeld, mijn schrijfvermogen zou je echter kinderlijk kunnen noemen. Omdat ik vond dat ik deze 'fictieve' klant niet op een kinderlijke manier kon benaderen, heb ik dit duidelijk kenbaar gemaakt. Mijn gesprekspartner antwoordde dat zij daardoor de procedure niet met mij kon voortzetten. De vacaturetekst gaf daarentegen aan dat men slechts één vreemde taal in zowel schrift als spraak diende te beheersen. In mijn geval was dat het Engels. Daarnaast stond mijn talenkennis zeer duidelijk in mijn CV beschreven. Een tweede indicatie dat men mijn sollici-

tatie niet vakkundig had benaderd. De vacaturetekst zou inhoudelijk niet correct zijn werd mij verteld. Toen ik antwoordde dat onze wegen zich dan zouden scheiden, bood ze me alsnog een alternatief. Ze wilde mijn Duits testen door mij te laten converseren met een Duitse collega. Na enkele minuten met deze man gesproken te hebben, moest men erkennen dat mijn Duitse taalvaardigheid sterk ontwikkeld was. Echter, ik moest de vacature laten gaan, wat ik overigens allesbehalve pijnlijk vond.

Op stel en sprong hadden ze opeens een alternatieve vacature voor me op het oog bij de helpdesk van een bekende softwareorganisatie. Het zou een verkoopfunctie betreffen. Inhoudelijk moest je het duurste product zien te slijten en ik proefde uit het gesprek dat je blijkbaar nogal geforceerd tewerk moest gaan. Dit werd aanvankelijk ontkend, maar toen ik de vraag duidelijk stelde gaf men uiteindelijk toe dat met targets gewerkt werd. Dit versterkte mijn nare smaak. Psychologische trucs zoals het noemen van zeer riante, ongeloofwaardige bonusbedragen en extra privileges in de vorm van tijd, moesten mij blijkbaar over de streep trekken. Met de minuut werd ik sceptischer ten opzichte van hun pleidooi. Mijn gevoel gaf constant waarschuwingssignalen af en het feit dat oogcontact stug werd vermeden, maakte hun uitstraling extra onbetrouwbaar. Bewust en zelfverzekerd heb ik ook deze vacature laten passeren. Het gesprek werd daarop beëindigd en ik heb vol ongeloof terstond het pand verlaten richting mijn tweede afspraak van die dag.

Aangekomen bij mijn tweede afspraak, een werving- en selectiekantoor in het centrum van Maastricht, betrad ik in een andere dimensie. Een bijzonder mooi herenhuis in het hart van Maastricht. Bovendien werd ik onthaald op een manier die je zeer royaal mag noemen. De dames en heren die ik binnen aantrof, waren allen correct gekleed en er hing een ambiance van professionaliteit en klasse. Er werd mij vriendelijk gevraagd om alvast plaats te nemen in een vergaderzaal. Hier heb ik onder het genot van een heerlijke kop koffie een kort moment moeten wachten op de komst van mijn 'screeners'. Toen deze de kamer binnenliepen, merkte ik meteen een goede 'vibe'. De uitstraling was aanwezig en ik had duidelijk te maken met personen die de sociale etiquette beheersten. Een goede eerste indruk is vaak doorslaggevend, zegt men, en deze indruk sloeg dan ook zeker door. Na lang en intens gescreend te zijn en enkele momenten van desinteresse naar interesse te hebben omgebogen, werd besloten mij voor te dragen als kandidaat. Het betrof eveneens een functie als Customer Service Medewerker. Een en ander vervulde mij met intense blijdschap. Deels door de geschetste verwachtingen, deels door het besef dat professionaliteit nog altijd bestond.

Het belang van het persoonlijke bezoek

Met de hedendaagse digitalisering zien we dat je je steeds vaker online kunt inschrijven. Hierdoor hoef je het uitzendbureau aanvankelijk niet meer persoonlijk te bezoeken. Als je tegenwoordig een uitzendbureau opbelt met een vraag, kan het zelfs zijn dat je eerder wordt doorverwezen naar de website dan dat men een afspraak met je maakt. Soms lijkt het zelfs alsof men menselijk contact schuwt. Er zijn tegenwoordig ook uitzendbureaus die op afspraak werken en een 'onverwacht' bezoek niet zullen waarderen. Het eerste persoonlijke gesprek vindt meestal dan ook pas plaats als men je daadwerkelijk kan bemiddelen voor een vacature. Al met al versterkt dit bij de werkzoekende het gevoel dat je er alleen voor staat. Je dient dus selectief te zijn in welke uitzendbureaus het spontaan en persoonlijk bezoeken waard zijn. Net zoals de dualiteit tussen 'In naam van' en 'In dienst voor' zul je ook in deze context geconfronteerd worden met sterke contrasten.

Bij het ontvankelijke uitzendbureau zal je slagingskans namelijk groter worden als men je als 'persoon' op het netvlies heeft staan. Persoonlijke binding staat in deze interactie centraal. Enkel het ontvangen van een telefoongesprek of e-mail zou je hier als afstandelijk en anoniem kunnen ervaren. Je imago speelt nu dus een grote rol. Hoe reflecteert men naar je als persoon? Hoe ervaart men je presentatie en profilering? Dit zijn vragen die nu van essentieel belang blijken te zijn. Het zijn de emotie en de beeldvorming die je imago oproept bij de intercedent, die de mate van bereidheid bepalen om voor jou aan de slag te gaan.

Bij de niet-ontvankelijke uitzendbureaus, dat wil zeggen uitzendbureaus die de digitale registratie prefereren boven het persoonlijke contact, kun je zelf ook het beste kiezen voor efficiëntie. Je hoeft in deze context dan ook geen belang te hechten aan een structurele persoonlijke benadering. Telefonische of digitale contactmomenten zouden nu voldoende moeten zijn om een verstandhouding te ontwikkelen.
Desalniettemin adviseer ik je stellig om goed in kaart te brengen welke uitzendbureaus een persoonlijk bezoek waard zijn. Als je eenmaal weet waar de koffie voor je klaar staat, kun je met regelmaat momenten introduceren waarin je even je 'gezicht' laat zien.

De NVP Sollicitatiecode

Met hoge uitzondering zul je in aanraking komen met een werving- en selectie 'deskundige' wiens benadering desastreus te noemen is.
Als je buitenproportioneel benaderd wordt, adviseer ik je om de Nederlandse Vereniging voor Personeelsmanagement & Organisatie-ont-

wikkeling of de Commissie NVP Sollicitatiecode & Klachteninstantie te benaderen. Het doel van de NVP Sollicitatiecode is om een norm te bieden voor een transparante en bovenal eerlijke werving- en selectieprocedure. Onafhankelijk van het klimaat op de arbeidsmarkt, is het belangrijk dat de sollicitant goed wordt behandeld. Het is dit belang waar de NVP Sollicitatiecode zich voor inzet.

Uit eigen ervaring kan ik concluderen dat de Commissie NVP Sollicitatiecode & Klachteninstantie zeer begripvol op je verhaal zal reageren. Men zal de betreffende organisatie dan ook adequaat benaderen. Men stuurt de organisatie namelijk een brief. Hierin wordt slechts het belang van een correcte werving- en selectieprocedure benadrukt zonder daarbij de specifieke klacht onder de aandacht te brengen. De aangeschreven organisatie zal zo al snel de gedachte ontwikkelen dat de brief slechts een kennisgeving betreft. Men zal zich dan ook niet gedwongen voelen om de eigen (sociale) procedures te verbeteren. Herhaling van het ongewenste gedrag is dan ook vaak het gevolg en de vicieuze cirkel van klacht en opvolging is hiermee geboren. Deze manier van benadering beschouw ik zelf dan ook als zinloos en men mag vanuit mijn optiek dan ook veel strenger optreden. Ik trek dan ook in twijfel of de Commissie NVP door werkgevers erkend wordt als autoriteit.

Desalniettemin adviseer ik je om de Commissie te benaderen als je dat noodzakelijk acht. Je geeft hiermee namelijk een duidelijk signaal af en het kan therapeutisch zijn om je verhaal te mogen doen bij een luisterend oor. Je melding wordt ten slotte geregistreerd. We kunnen enkel hopen dat de getroffen sancties zwaarder zullen worden naarmate de naam van een bepaalde werkgever als recidivist naar voren blijft komen in het systeem.

Op de volgende pagina een voorbeeld van de brief die de NVP Sollicitatiecode naar de organisatie stuurt.

Geachte Directie,

De NVP Sollicitatiecode is aan de *actuele regelgeving* en de ontwikkelingen in de social media aangepast. Dit is gebeurd in overleg met de Stichting van de Arbeid, COMMISSIE GELIJKE BEHANDELING.

Het doel van de NVP Sollicitatiecode is om een norm te bieden voor een transparante en eerlijke werving- en selectieprocedure. Het gaat om *fair play* bij de werving en selectie van een kandidaat. Zeker in tijden van een slechte arbeidsmarkt, is het van belang dat de sollicitant goed wordt behandeld.

Voor werving- en selectiebureaus blijft een goede behandeling van kandidaten van groot belang. Een correcte of juiste werving- en selectieprocedure is ook het *visitekaartje* van een werving- en selectiebureau.
U als werving- en selectiebureau wilt toch niet negatief in het nieuws komen als gevolg van een negatieve sollicitatieprocedure?

De NVP Sollicitatiecode is als pdf-folder te downloaden of gratis te bestellen via de website van de NVP: www.nvp-plaza.nl/sollicitatiecode.

Wij stellen het op prijs als u de NVP Sollicitatiecode ook onder de aandacht brengt bij uw regiokantoren, zodat er in uw organisatie een goed werving- en selectiebeleid wordt gehanteerd, conform de gedragsregels zoals genoemd in de NVP Sollicitatiecode.

Met vriendelijke groet,
NEDERLANDSE VERENIGING VOOR PERSONEELMANAGEMENT & ORGANISATIEONTWIKKELING, namens de Commissie NVP Sollicitatiecode & Klachteninstantie.

De tien geboden voor de werving en selectie

Onderstaand een opsomming van de grootste ergernissen waar een sollicitant tegenaanloopt.
Als je deze kennis als intermediair tot je neemt, zal er veel leed bespaard blijven.

1. Als je als intercedent een kandidaat voorstelt op een vacature, geef de kandidaat dan op tijd een terugkoppeling van je opvolgende activiteiten en je verwachtingen.

2. Als een kandidaat in zijn of haar sollicitatiebrief vraagt naar een ontvangstbevestiging, stuur deze.

3. Als je een kandidaat afwijst, ben dan oprecht in je woorden. Onderbouw de afwijzing op zijn minst en stuur de kandidaat niet met een kluitje het riet in.

4. Stuur altijd een afwijzing. Respecteer de interesse die een kandidaat

toont in een organisatie en laat de kandidaat dan ook niet in het duister tasten.

5. Ken de inhoud van je vacature. Soms worden deze namelijk verwisseld.

6. Ken je eigen organisatie en de organisatie waarvoor je bemiddeld.

7. Reageer op tijd op vragen van een kandidaat.

8. Blijf professioneel en altijd correct in het benaderen van een kandidaat.

9. Als een kandidaat een baan heeft gevonden, draag dan zorg over een correcte uitschrijving.

10. Blijf bescheiden en profileer je niet als een professional als je niet aan het bovenstaande kunt voldoen.

9.
Overheid & Bureaucratie

De Wet werk en zekerheid (Wwz) |
De constructie

De Wwz is onderhevig aan veel variabelen. In dit hoofdstuk zal ik de meest fundamentele voor je toelichten.

Introductie Wwz 2015

Vanaf 1 januari 2015 zijn de regels voor werk, ontslag en WW vervangen door de Wet werk en zekerheid. Zoals de naam reeds doet vermoeden, ontvangt men als werkloze meer zekerheid. Met name personen die een tijdelijk contract hebben, ontvangen eerder zekerheid. Ontslagprocedures werden door de introductie van de Wwz dan ook een stuk transparanter, eenvoudiger maar ook sneller. Medio juli 2015 zijn de meeste veranderingen geïmplementeerd. Als je dus werkloos werd na 15 juli 2015 kwam je in aanraking met de nieuwe Wet werk en zekerheid.

Werkloos vanaf 2016

Werd je vanaf 1 januari 2016 werkloos, dan kwam je in aanraking met de nieuwe regels die in juli 2015 zijn ingegaan. Mocht dit voor jou het geval zijn geweest, dan had je helaas minder lang recht op een WW-uitkering. Conform de regels die golden vóór 1 januari 2016 kreeg men maximaal 38 maanden een WW-uitkering. De maximale duur van je uitkering werd vanaf 1 januari 2016 dan ook een stuk korter. Dit zal echter gefaseerd verlopen. Ieder kwartaal zal de duur van de uitkering namelijk met één maand gereduceerd worden. Vanaf 1 april 2019 krijg je nog maximaal 24 maanden een WW-uitkering toegekend. De werkgever kan je WW-uitkering echter nog aanvullen tot maximaal 38 maanden. Maak dan ook concrete afspraken met je werkgever mocht je op een dergelijke situatie afstevenen.

De opbouw van WW-rechten

Als je werkt bouw je WW-rechten op. Voor de eerste 10 jaar van je arbeidshistorie ontvang je voor elk gewerkt jaar één maand WW-recht. Als je na 10 jaar werkloos raakt, heb je dus recht op een WW-uitkering van maximaal 10 maanden. Na een periode van 10 jaar komt er voor ieder jaar dat je werkt één halve maand uitkering bij. Werk je bijvoorbeeld 18 jaar, dan heb je recht op 10 x 1 maand + 8 x 1/2 maand = 14 maanden WW-uitkering. WW-rechten die je hebt opgebouwd voor 1 januari 2016 blijven echter tellen voor 1 maand.

De betaling en hoogtebepaling van je uitkering

Je uitkering zal vanaf 1 juli 2015 één keer per maand achteraf betaald worden. Voorheen ontving je de WW-uitkering nog iedere vier weken. Voor WW-uitkeringen die zijn ingegaan vóór 1 juli 2015 zal de betaling per 4 weken gewaarborgd blijven. Houd er echter rekening mee dat de eerste betaling van je uitkering langer kan duren dan verwacht. Stel je dan ook in op een periode van vier tot zes weken waarin je geen inkomen hebt. Indien je er toe in staat bent, is het dus verstandig om een financiële buffer op te bouwen voordat je de Wwz betreedt.

Mocht je inkomen bij het aangaan van een nieuw dienstverband lager zijn dan je WW-maandloon, dan zal het UWV je WW-uitkering aanvullen. Maak dan ook concrete afspraken met het UWV mocht je in een dergelijke situatie terechtkomen.

De eerste twee maanden ontvang je 75% van je laatst verdiende dagloon. Daarna ontvang je 70% van je laatst verdiende dagloon. Het dagloon is het salaris wat je bij je vorige werkgever per dag verdiende. Voor de berekening van het dagloon raadpleeg je de website van het UWV. De hoogte van je WW-uitkering wordt vervolgens bepaald door het verrekenen van je inkomsten. Je WW-uitkering stopt als je inkomsten uit werk per maand hoger zijn dan 87,5% van het WW-maandloon. Als je een WW-uitkering ontvangt, geef je na afloop van iedere maand je inkomsten op door middel van een zogenaamde inkomstenopgave. Ook als je geen inkomsten hebt ontvangen, ben je verplicht om dit door te geven. Het UWV zal eventuele inkomsten namelijk verrekenen. Dit betekent dat eventuele inkomsten van je uitkering afgetrokken kunnen worden.

Na het verrekenen van de eventuele inkomsten zal de hoogte van je uitkering worden bepaald. Nadat je de inkomstenopgave hebt opgestuurd, zal het UWV er naar streven om je WW-uitkering binnen 3 tot 10 werkdagen uit te betalen. In de praktijk heb ik gemerkt dat de gemiddelde wachtperiode zo'n 14 dagen kan duren. Je dient hier dan ook rekening mee te houden. Bewaak dan ook je betalingsgedrag gedurende deze periode.

SOLLICITEREN NAAR PASSEND WERK

Als je geen afspraak hebt gemaakt met je consulent over het aantal te verrichten sollicitaties, dan moet je minimaal vier sollicitaties per vier weken verrichten. Je bent ook verplicht om te reageren op vacatures die je krijgt doorgestuurd van je consulent. Ben je langer dan 6 maanden werkloos, dan zal het UWV alle banen als passend ervaren. Tot die tijd adviseer ik je om alles op alles te zetten om een passende baan te bemachtigen. Beschouw je sollicitatieplicht van vier sollicitaties per vier weken dan ook als je minimale weektarget. Zorg er ook voor dat je alle sollicitatieactiviteiten zorgvuldig registreert. Je hebt kunnen lezen dat je aan de hand van je registraties analyses kunt maken en prognoses kunt schetsen. Het registreren van je sollicitatieactiviteiten dient ook nog een ander doel. Het UWV zal je namelijk met regelmaat vragen om bewijzen te laten zien van je activiteiten. Bewaar dan ook de brieven die je verstuurt en de uitnodigingen die je ontvangt voor sollicitatiegesprekken. Het UWV adviseert om deze gegevens minimaal 2 jaar te bewaren.

Solliciteren naar minder passend werk

Ben je langer dan 6 maanden werkloos, dan zal het UWV vanaf 1 juli 2015 alle banen als passend ervaren. Dat betekent dat je als werkzoekende na 6 maanden verplicht bent om te solliciteren naar banen met een lager opleidings- of werk- en denkniveau. Als een dergelijke werkgever je wil aannemen, dan zul je dit werk met de daarbij behorende condities dus moeten accepteren. Dit geldt dan bijvoorbeeld ook als de reistijd langer is dan gewenst of als er sprake is van een reductie in het aantal te werken uren. Mocht je inkomen bij het aangaan van een nieuw dienstverband lager zijn dan je WW-maandloon, dan zal het UWV je WW-uitkering dus aanvullen. Maak dan ook concrete afspraken met het UWV mocht je in een dergelijke situatie terechtkomen. Door deze constructie probeert het UWV het lonend te maken om vanuit een WW-uitkering weer de arbeidsmarkt te betreden.

Zoals gezegd is de Wwz onderhevig aan veel variabelen waarvan ik slechts de meest fundamentele voor je heb toegelicht. Het kan zijn dat de informatie die je aantreft, betreffende de regelgeving van het UWV, inmiddels niet meer actueel is. Ik adviseer je dan ook om de informatie op www.uwv.nl als leidend te beschouwen.

De Wet werk en zekerheid | De bijzonderheden

Meer zekerheid

Zoals gezegd ontvang je als werkloze meer zekerheid. Met name personen die een tijdelijk contract hebben, ontvangen eerder zekerheid. Ontslagprocedures werden door de introductie van de Wwz dan ook een stuk transparanter, eenvoudiger maar ook sneller.

Geen concurrentiebeding

Daarnaast mag de werkgever bij het geven van een arbeidsovereenkomst voor bepaalde tijd geen concurrentiebeding meer opnemen. Het concurrentiebeding is een onderdeel van het contract. Met het concurrentiebeding probeert de werkgever te voorkomen dat de werknemer de kennis die men tijdens het dienstverband heeft opgedaan, gebruikt om bij een concurrent te gaan werken of om zelf een concurrerend bedrijf op te starten. Het concurrentiebeding mag alleen nog maar in uitzonderlijke gevallen worden opgenomen in het contract. De werkgever moet dan schriftelijk motiveren welke belangen een concurrentiebeding noodzakelijk maken. Uitzonderingen voorbehouden maakt de afwezigheid van het concurrentiebeding het voor je mogelijk om te gaan en staan waar je wilt.

Ketenregeling teruggebracht tot twee jaar

De zogenaamde ketenregeling bepaalt het aantal tijdelijke contracten die een werkgever met een werknemer mag afsluiten. De ketenregeling wordt teruggebracht van drie naar twee jaar. Binnen de periode van twee jaar mag een werkgever maximaal drie contracten afsluiten met een werknemer. Deze keten wordt onderbroken zodra er tussen twee contracten een periode van zes maanden zit. Na een tijdelijk dienstverband van twee jaar wordt de arbeidsovereenkomst automatisch omgezet naar een contract voor onbepaalde tijd. Men twijfelt echter of men door deze regeling ook sneller een vast contract zal krijgen. Veel werkgevers proberen deze constructie dan ook te omzeilen. De zogenaamde 7,7,8 methode is een manier waarmee men de regeling kan omzeilen. De werkgever verstrekt dan drie contracten van 7, 7 en nog eens 8 maanden. Hierdoor kan men onder de 24 maanden blijven en hoeft de arbeidsovereenkomst niet omgezet te worden naar een contract voor onbepaalde tijd.

ONTSLAGVERGOEDING BIJ TWEE JAAR IN DIENST

Als werkgever is men verplicht om je een ontslagvergoeding te betalen als je langer dan twee jaar in dienst bent. Onder de voorwaarde dat je het dienstverband opzegt of een contract voor bepaalde tijd niet verlengd wordt. Deze ontslagvergoeding wordt ook wel een transitievergoeding genoemd. De werkgever is geen transitievergoeding verschuldigd als de werknemer ernstig verwijtbaar heeft gehandeld. Dat betekent dat de werknemer ernstige dingen heeft gedaan die hij of zij had kunnen voorkomen. Ook als de werkgever failliet gaat hoeft geen transitievergoeding betaald te worden. Deze constructie binnen de Wwz zal waarschijnlijk niet leiden tot een sterkere positie van de flexkracht. Veel werkgevers zullen dan ook hun toevlucht zoeken in de 7,7,8 methode. Hierdoor kan men onder de 24 maanden blijven en hoeft men dus geen transitievergoeding te betalen.

MINDER INVESTERING IN SCHOLING EN TRAINING

Met de introductie van de Wwz lijken veel werkgevers minder te willen investeren in de scholing en training van werknemers met een flexibel

contract. Langdurig flexibele werknemers hebben mede hierdoor ook minder perspectief dan vergelijkbare vaste werknemers. Personen die langdurig flexwerker zijn, doen dan ook vaker een beroep op de WW.

Solliciteren onder opleidings-, werk- en denkniveau

De verplichting om na 6 maanden te solliciteren naar banen met een lager opleidings- of werk- en denkniveau, kan als gevolg hebben dat veel personen zich zullen ontwikkelen tot Wwz-recidivisten. Door personen gedwongen onder te brengen op een te laag instromingsniveau zal het zogenaamde 'job hoppen' op termijn toenemen.

Naar verwachting zal het personeelsverloop mede hierdoor binnen bepaalde sectoren stijgen. Door de lage instapdrempel in de productie, de horeca, de detailhandel en de contactcenters, zullen vooral deze sectoren veel Wwz-cliënten aantrekken. De lage instapdrempel ontstaat doordat men vaak zonder aantoonbare ervaring de overstap kan maken. Het motief berust dan veelal op het bemachtigen van een inkomen en het ontsnappen aan de Wwz. Vaak wordt de werkgever in deze context beschouwd als een tussenstation, oftewel 'for the time being'. Op termijn zal een groot gedeelte van deze personen de arbeidsmarkt dan ook weer opnieuw betreden. Vaak vanwege het gebrek aan perspectief binnen deze sectoren.

Parallel zouden ook de verzuimcijfers binnen deze sectoren nieuwe dimensies kunnen aannemen. Er zou daarmee ook een groter beroep gedaan kunnen worden op ziektekostenvergoeding. Naar verwachting zal dit beroep veelal veroorzaakt worden door psychische of psychosomatische problematiek. Veelal veroorzaakt door de conflicterende belangen van de werkomgeving en het individu. Het compenseren van eventuele loonderving zal naar mijn mening slechts een geringe verzachting zijn van de verwachte symptomen.

Groter beroep op deskundigheid binnen UWV

Om de integratiekwaliteit beter te waarborgen zou het UWV een sterker beroep kunnen doen op deskundigheid. Dit betekent dat men niet alleen meer deskundig personeel moet werven maar dat men ook meer aandacht dient te besteden aan training en scholing van personeel. Daarnaast zou men intensiever samen kunnen werken met binnen- en buitenlandse overheden om succesvolle constructies te adopteren en te verfijnen.

Optimaliseren van interne communicatie binnen UWV

Ook zou het UWV zich meer kunnen richten op het optimaliseren van de interne communicatie. Om kwalitatieve integratie beter te waarborgen, zou men de focus meer kunnen verleggen van Top-Down communicatie naar Bottom-up communicatie. Daarnaast zou men zich meer kunnen concentreren op het optimaliseren van de doorstroom van informatie binnen de bestaande communicatielijnen.

De feedback van het personeel dat het dichtst betrokken is bij de arbeidsmarkt, zou meer centraal moeten staan in de besluitvorming van het bestuur. Dit zijn namelijk vaak personen die zowel de arbeidsmarkt als de cliëntbehoefte van binnen en buiten kennen.

Daarnaast is deze groep vaak in staat om op een efficiënte manier te matchen tussen de competenties van de werknemer en de vraag van de werkgever. Er ontstaat dan ook steeds meer behoefte aan een hoogstaand integratiemedium tussen de arbeidsmarkt en de werkzoekende.

Te veel focus op specifieke aandachtsgroepen binnen UWV

Menig werkcoach heeft de handen vol. Daarnaast dient men de focus te leggen op specifieke aandachtsgroepen die door het bestuur worden aangewezen als problematisch. Vaak betreft het de groep 50-plussers, de

WAJONG en de steeds groeiende groep jongeren. Hierdoor wordt men gedwongen om de focus te verlagen van de grote groep die overblijft, namelijk de groep die het UWV categoriseert onder de noemer 'Zelfvoorzienend en zonder beperkingen'. Ondanks dat deze groep een groot aandeel heeft, wordt men aan het spreekwoordelijke lot overgelaten. Het is juist deze groep waaruit later veel recidivisten zullen terugkeren tot de Wwz.

De UWV cliëntenraad

De cliëntenraad zet zich in voor het optimaliseren van het beleid van het UWV. Het UWV heeft één centrale, landelijke cliëntenraad. Daarnaast heeft ook ieder district een eigen cliëntenraad. Er is dan ook altijd een cliëntenraad aanwezig in het district waar je woont.

Iedere cliëntenraad bestaat uit elf leden die een uitkering ontvangen van het UWV en vijf leden die geen uitkering ontvangen van het UWV. Deze vijf leden staan wel bij het UWV ingeschreven als werkzoekende. De leden van de cliëntenraad zijn in zekere zin dus ervaringsdeskundigen. Daarmee zijn ze dus een sterke vertegenwoordiging voor de werkzoekende. De cliëntenraad vertegenwoordigt dan ook het gehele cliëntenspectrum van het UWV. Van WW tot Wajong.

Het deelnemen aan de cliëntenraad is vrijwilligerswerk maar daarentegen niet vrijblijvend. Als deelnemend lid wacht je dan ook wat verantwoordelijkheid. Zo zul je thuis stukken moeten bestuderen, plannen moeten schrijven en moeten deelnemen aan trainingen. Als lid van de cliëntenraad dien je uiteraard wel aan enkele voorwaarden te voldoen. Zo dien je een uitkering te krijgen van het UWV of ingeschreven te staan als werkzoekende bij het UWV-werkbedrijf. Voorafgaand zul je worden uitgenodigd voor een gesprek met de toelatingscommissie.

Zelf heb ik ook getracht om lid te worden van de cliëntenraad om ook op die manier een bijdrage te leveren. Helaas werd ik niet erkend als potentieel raadslid. Een en ander omdat ik qua persoonlijkheid niet goed in de raad zou passen. Daarnaast zou mijn basisuitkeringsperiode van drie maanden niet toereikend genoeg zijn. Het lidmaatschap eindigt dan ook automatisch op het moment dat je geen cliënt meer bent van het UWV of op het moment dat de maximale zittingsduur is bereikt. Men had dan op korte termijn opnieuw een selectieprocedure moeten starten wat uiteraard de nodige administratieve rompslomp met zich mee had gebracht.

Als je een bijdrage wilt leveren aan de arbeidsmarktintegratie van je lotgenoten, zou je je dus kunnen aanmelden voor de cliëntenraad. Benader in dat geval het UWV. Zij zullen je dan voorzien van alle benodigde informatie.

De transitie van Wwz naar de Participatiewet

Als je maximale WW-uitkeringsduur is bereikt, en je dus gedwongen wordt om een beroep te doen op de Participatiewet, dien je je voor te bereiden op de nodige turbulentie.

Zo kun je tijdens je verblijf in de Wwz het gevoel krijgen dat je aan je lot wordt overgelaten. Terwijl het toetreden tot de Participatiewet juist een verscherpt toezicht met zich meebrengt. Alvorens je je eerste uitkering ontvangt, zul je dan ook onderworpen worden aan de nodige evaluatiegesprekken. Deze gesprekken zullen zich concentreren op je financiële situatie, je woon- en leefsituatie en je arbeidsmarktpotentie. Men

zal je bewegingen nu nauwlettender volgen dan je gewend was van het UWV. Deze verschuiving kan als confronterend ervaren worden. Je maakt het voor jezelf dan ook een stuk makkelijker door de situatie te accepteren en mee te gaan in hetgeen men van je verlangt.

Tijdens je transitie naar de Participatiewet word je ook geconfronteerd met de zogenaamde inspanningsperiode. Dit houdt in dat je gedurende de eerste vier weken na het aanvragen van je Bijstandsuitkering, zelf dient te zoeken naar werk of opleidingsmogelijkheden. Uiteraard is dit iets waar je jezelf al in getraind hebt. Je dient er echter rekening mee te houden dat het ontvangen van je eerste uitkering tot 6 weken na je aanvraag kan uitblijven. Het feit dat je tijdens deze periode geen inkomen ontvangt, maakt dat deze 6 weken heel lang kunnen duren. Zorg dan ook dat je over een financiële buffer beschikt waardoor je in staat bent om deze periode te overbruggen. Bij de ontvangst van je laatste WW-uitkering zul je ook het resterende vakantiegeld ontvangen. Je doet er dan ook wijs aan om dit bedrag aan de kant te zetten. Mocht je dringend behoefte hebben aan het ontvangen van je uitkering, dan kun je ook een voorschot aanvragen. Dit is meestal zo'n 70% van je Bijstandsnorm.

Uiteraard is het van belang dat je kalm blijft en je mentaal instelt op een nieuwe levensstijl. Ten opzichte van je verblijf in de Wwz zul je de riem nu nog iets strakker moeten aanzetten. In het verloop van dit handboek verstrek ik adviezen die je verblijf tijdens een uitkering aanzienlijk kunnen verzachten.

De Participatiewet | De constructie

De Participatiewet is onderhevig aan veel variabelen. In dit hoofdstuk zal ik de meest fundamentele voor je toelichten.

DE PARTICIPATIEWET

De Participatiewet was voorheen bekend als de Wet Werk en Bijstand (Wwb) maar wordt in de volksmond nog altijd de 'Bijstand' genoemd. De Participatiewet vervangt straks ook de Wet Sociale Werkvoorziening (Wsw) en een deel van de Wajong. Nieuwe instroom in de Wsw is met ingang van januari 2015 dan ook niet meer mogelijk. De Wajong is dan enkel nog beschikbaar voor jongeren vanaf 18 jaar die vanwege een ziekte of een beperking blijvend honderd procent arbeidsongeschikt worden verklaard. Iedereen die wel nog kan werken doet zijn intrede in de Participatiewet.

UITGANGSPUNT VAN DE PARTICIPATIEWET

De Participatiewet regelt dat mensen participeren in de maatschappij om daarmee sneller te integreren op de arbeidsmarkt. Men neemt als uitgangspunt het herkennen van talent om dit vervolgens te vertalen naar een passende participatiewerkplek. Het is vanuit dit uitgangspunt dat met ingang van januari 2015 de Participatiewet van kracht is geworden. Het uitgangspunt dient meerdere doelen. Ten eerste probeert men door middel van actieve participatie je afstand tot de arbeidsmarkt te verkleinen en je integratie te versnellen. Ten tweede cultiveert men het belang van maatschappelijke betrokkenheid en ten derde betreft het

ook een tegenprestatie voor het ontvangen van de uitkering. Daarnaast kun je het ook ervaren als een ontdekkingsreis waarin je jezelf opnieuw leert kennen. Een toetreding tot de Participatiewet zet de meesten onder ons dan ook aan tot intense zelfreflectie, waarbij de eigen behoeften en potentie kritisch worden geëvolueerd. Ook voor mensen met een beperking, ziektebeeld of gedeeltelijke arbeidsongeschiktheid zal er altijd naar een passende oplossing worden gezocht.

Voorwaarden en aanvragen Bijstandsuitkering

Je kunt een Bijstandsuitkering aanvragen als je 18 jaar of ouder bent, beschikt over de Nederlandse identiteit of kunt worden gelijkgesteld met een Nederlander. Daarnaast dien je woonachtig te zijn in Nederland. Als je aan alle voorwaarden voldoet, dan is het belangrijk dat je niet uitgesloten bent van het recht op een Bijstandsuitkering. Je bent bijvoorbeeld uitgesloten op het moment dat je gedetineerd bent. Tegenwoordig kan de Bijstandsuitkering ook aangevraagd worden via het internet. Echter, niet iedere gemeente is hiertoe in staat. Het kan dus zijn dat je zelf de gemeente moet bezoeken.

Bepaling van recht op Bijstand

Voor het bepalen van je recht op een Bijstandsuitkering is het van belang hoeveel inkomen en vermogen je hebt opgebouwd. Je totale inkomen mag dan ook niet hoger zijn dan de voor jou geldende Bijstandsnorm. Daarnaast mag je vermogen ook niet hoger zijn dan wettelijk toegestaan voor een Bijstandsuitkering. Beschik je niet over een inkomen, dan kun je recht hebben op een volledige Bijstandsuitkering. Heb je daarentegen wel een inkomen, dat echter lager is dan toegestaan, dan kun je zelfs recht hebben op aanvullende Bijstand. Het toegestane vermogen is afhankelijk van je leefsituatie. De hoogte van de Bijstandsuitkering is afhankelijk van zowel je leeftijd als leefsituatie.

Inspanningsperiode

Ben je jonger dan 27 jaar, dan dien je de eerste vier weken na je Bijstandsaanvraag zelf te zoeken naar werk of opleidingsmogelijkheden. Deze periode wordt ook wel de zogenaamde inspanningsperiode genoemd. Vanuit eigen ervaring kan ik mededelen dat de inspanningsperiode ook van kracht is voor personen die ouder zijn dan 27 jaar. Nogmaals wil ik benadrukken dat het ontvangen van je eerste uitkering tot 6 weken na je aanvraag kan uitblijven. Zorg dan ook dat je over een financiële buffer beschikt waardoor je in staat bent om deze periode te overbruggen.

Opvang van noodzakelijke kosten

Voor het opvangen van bijzondere en noodzakelijke kosten biedt de Participatiewet je de Bijzondere Bijstand. De Bijzondere Bijstand is een vergoeding voor noodzakelijke kosten die gemaakt worden tijdens bijzondere omstandigheden. Je ontvangt Bijzondere Bijstand als deze kosten niet volledig worden vergoed en je ze niet volledig kunt betalen uit je inkomen of opgebouwd vermogen. De belastingdienst, de zorgverzekeraar en het reserveren of afsluiten van een lening kunnen voorrang krijgen bij bijzondere Bijstandsverlening. Als je aanspraak wilt maken op Bijzondere Bijstand neem dan contact op met je consulent.

Zoals gezegd is de Participatiewet onderhevig aan veel variabelen waarvan ik slechts de meest fundamentele voor je heb toegelicht. Het kan zijn dat de informatie die je aantreft, betreffende de regelgeving van de Participatiewet, inmiddels niet meer actueel is. Ik adviseer je dan ook om de informatie van de gemeente altijd als leidend te beschouwen.

De Participatiewet | De bijzonderheden

TRANSPARANTIE

Als je tot de 'Bijstand' toetreedt ben dan waakzaam. Het contrast tussen hulpvaardigheid en geslotenheid was voorheen nog nooit zo groot. Als je je volledig conformeert aan het beleid, dan geniet je het voorrecht van vrijheid. Vrijheid is in dezen echter een vluchtig begrip. Je dient namelijk volledig transparant te zijn in het verstrekken van je financiële gegevens, je eventuele beperkingen, je verwachtingen en je ambities. Je zult dan ook even door de bureaucratische molen heengaan en daarmee ook menig evaluatiegesprek moeten doorstaan. Deze vorm van aandacht zul je vooral in het begin als onwennig ervaren. Je krijgt misschien zelfs het gevoel dat je zelfstandigheid wordt ondermijnd. Als je je volledig openstelt, zal de ontvangende partij je echter met dezelfde ontvankelijkheid begroeten. Je hoeft dus absoluut niet het gevoel te ontwikkelen dat je onder curatele staat. Maak ook gebruik van deze gelegenheid om je relativeringsvermogen te versterken.

Evaluatiegesprekken

Zoals gezegd zul je tijdens een verblijf in de Bijstand veel evaluatiegesprekken moeten doorstaan. Deze evaluatiegesprekken dienen drie verschillende doelen. Als er vaker met de cliënt gesproken wordt, kunnen eventuele gevallen van fraude sneller ontmaskerd worden. Daarnaast ontstaat er een breed beeld van de situatie van de cliënt wat de kans op een passende baan vergroot. Ten slotte kunnen door het brede beeld van de klant problemen effectiever gesignaleerd en weggenomen worden. Al met al zijn deze gesprekken er op gericht om je weer zo snel mogelijk aan het werk te krijgen.

Ben altijd coöperatief

Als je je niet conformeert, zullen er waarschijnlijk beperkingen gelden. Deze beperkingen zullen zich manifesteren in een verminderde ontvankelijkheid van je consulent en daarnaast een intensievere controle over je activiteiten. In ernstige gevallen kan je uitkering gekort worden of zelfs helemaal stopgezet worden. Geef veranderingen in je situatie dan ook altijd door aan de gemeente. Ben altijd coöperatief en werp geen onnodige blokkades op. Dat laatste werkt slechts als een vertraging op je doorstroom naar die felbegeerde baan. De gemeente zal er namelijk alles aan doen om de afstand tot de arbeidsmarkt voor je te verkleinen. Men zal je instrumenten aanreiken in de vorm van cursussen, netwerkgesprekken en overige bemiddeling. Middelen die je altijd met twee handen dient aan te pakken.

Participatiewerkplek

Een van deze middelen kan het daadwerkelijke participeren zijn. Je wordt dan ondergebracht bij een werkbedrijf of de gemeente. Uiteraard kun je ook op eigen initiatief vrijwilligerswerk gaan uitvoeren. Let wel dat je hier altijd toestemming voor moet vragen. Daarnaast dient het vrijwilligerswerk geen blokkades op te werpen. In die zin dat het je inte-

gratie tot de arbeidsmarkt niet mag belemmeren. Liefst moet het vrijwilligerswerk een brug kunnen vormen naar een betaalde baan. Zoals je eerder reeds kon lezen, kan er soms ook het tegenovergestelde worden bereikt. Personen kunnen zich op termijn namelijk gaan binden aan het vrijwilligerswerk en daarmee het maatschappelijk belang boven hun eigen belang gaan stellen. Dit komt door het ontbreken van perspectief en de vaak aangename sfeer. In die zin kunnen we stellen dat de positieve aspecten van het vrijwilligerswerk de afstand tot de arbeidsmarkt kunnen vergroten.

Optimaliseren van interne communicatie binnen de Sociale Dienst

Het feit dat meerdere consulenten voor één persoon bemiddelen, beschouw ik zelf als een risico. Tijdens mijn verblijf in de Bijstand hebben zeker 6 personen zich over mijn dossier gebogen en mij geassisteerd in mijn zoektocht naar een passende baan. Uiteraard is het bijzonder fijn om te weten dat je gezien wordt en dat men bereid is om je te helpen. We zien echter dat de communicatie-efficiëntie afneemt naarmate er meer personen betrokken raken bij het integratieproces. Communicatielijnen worden verlegd en verlengd. Hierdoor kan het zijn dat belangrijke informatie een consulent passeert of blijft steken in de route naar de participant. Dat laatste kan zelfs een ondermijnende factor vormen voor het integratieproces.

VOLUME-INTEGRATIE

Er ontstaat bij mij al snel de vraag of de Participatiewet niet te zeer gericht is op volume-integratie. Het beleid lijkt zich dan ook meer te concentreren op kwantitatieve integratie dan kwalitatieve integratie. Een versnelde, op kwantiteit gerichte integratie zal als gevolg hebben dat veel personen op een te laag instromingniveau worden ingezet met recidive als gevolg.

Wajong | De constructie

De Wajong is onderhevig aan veel variabelen. In dit hoofdstuk zal ik de meest fundamentele voor je toelichten.

Wet Arbeidsongeschiktheidsvoorziening Jonggehandicapten

De 'Wet Arbeidsongeschiktheidsvoorziening Jonggehandicapten' beschermt volledig arbeidsongeschikte jonggehandicapten. Deze verzekering is bestemd voor personen die voor hun zeventiende verjaardag arbeidsongeschikt zijn geworden en dat op hun achttiende verjaardag nog steeds zijn. Daarnaast is deze verzekering ook bestemd voor personen die tussen het achttiende en dertigste levensjaar arbeidsongeschikt zijn geworden. Onder de voorwaarde dat men minstens 6 maanden studeerde in het jaar voorafgaande aan de dag waarop men arbeidsongeschikt raakte.

Het recht op een Wajong-uitkering

Jong gehandicapten die vanwege lichamelijke, geestelijke of andere arbeidskundige motieven geen perspectief hebben op een normale baan, hebben recht op een volledige Wajong-uitkering. Jong gehandicapten die minder dan 25% arbeidsongeschikt zijn, kunnen helaas geen beroep doen op de Wajong. Jongeren die tussen de 25% en 80% arbeidsongeschikt zijn, kunnen daarentegen een beroep doen op slechts een deel van een Wajong-uitkering. Jongeren die meer dan 80% arbeidsongeschikt zijn, hebben recht op een volledige Wajong-uitkering.

De hoogtebepaling van de Wajong-uitkering

Een volledige Wajong-uitkering beslaat 75% van het wettelijke minimumloon. Het inkomen van een partner en eventueel opgebouwd vermogen, oefenen geen invloed uit op de hoogte van de uitkering. Dit draagt dan ook bij aan de financiële stabiliteit die juist voor deze groep ontzettend belangrijk is. Om voor een verhoogde uitkering in aanmerking te komen, dient men volledig arbeidsongeschikt te zijn en daarnaast dient men volledig hulpbehoevend of niet-zelfstandig te zijn.

Als de jonggehandicapte een HBO- of WO-diploma in het bezit heeft, kan het zogenaamde Maatmanloon worden toegepast. Het Maatmanloon is het laatst verdiende loon aangepast aan de loonontwikkelingen. Het is het loon dat men verdiend zou hebben indien men niet ziek zou zijn geworden. Als het Maatmanloon wordt toegepast kan de Wajong-uitkering tot maximaal 1,5 keer de hoogte van het minimumloon worden verhoogd.

Bijverdienen tijdens een Wajong-uitkering

Uitkeringsgerechtigden mogen bijverdienen naast de Wajong-uitkering. De mate waarin mag worden bijverdiend, wordt bepaald door de hoogte van de uitkering. Zo mag er bij een volledige Wajong-uitkering maximaal 20% van het minimumloon bijverdiend worden.

Het nemen van eigen initiatief in het vinden van een werkplek

Met behoud van uitkering worden Wajongers gestimuleerd om zelf het initiatief te nemen in het vinden van een passende baan. Zo heeft het UWV het concept 'Zelf Werkt' in het leven geroepen. Dit is een constructie die als doelstelling heeft om Wajongers door middel van arbeidsmarktparticipatie uit het sociaal-maatschappelijk isolement te halen. De Wajonger wordt tijdens dit proces begeleid door een integratieconsulent. Deze consulent probeert door inzet van sociale activeringsprojecten het isolement te reduceren of helemaal op te heffen.

Om een goede 'feeling' te ontwikkelen met het bedrijfsleven, zowel sociaal-maatschappelijk als economisch, lijkt vrijwilligerswerk bij uitstek de beste oplossing. De Wajonger wordt dan ook door het UWV gestimuleerd om zelfstandig op zoek te gaan naar organisaties waar op vrijwillige basis passend gewerkt kan worden. De integratieconsulent speelt tijdens dit proces een begeleidende en adviserende rol.

Terugkeer in de Wajong bij terugval in arbeidsongeschiktheid

Voor deze groep proactieve Wajongers zijn er speciale regelingen ontwikkeld. Deze regelingen moeten een bemoedigend effect teweegbrengen bij zowel de Wajonger als de werkgever. Zo ontvangt men bij het aangaan van een dienstverband bijvoorbeeld de garantie dat men bij een terugval in arbeidsongeschiktheid weer een beroep kan doen op de Wajong.

Eerste vijf jaar geen ziektewetkosten voor werkgever

Daarnaast hoeven werkgevers de eerste vijf jaar geen ziektewetkosten te betalen als ze een Wajonger in dienst nemen. Daarmee wordt de drempel om een Wajonger aan te nemen nog meer verlaagd.

Proefplaatsing ter ontwapening werkgever

Om het risico voor de werkgever nog meer te verlagen, mag er voor een periode van drie aaneengesloten maanden een zogenaamde proefplaatsing plaatsvinden. Het ontwapenen van de werkgever staat tijdens het integratieproces van de Wajonger dan ook centraal. Bij een dergelijke proefplaatsing hoeft de werkgever maximaal 3 maanden geen loon te betalen aan de werknemer. Het loon wordt dan uitbetaald door het UWV.

Ondanks dat de werkgever daarna de verplichting heeft om de Wajonger een contract voor minimaal 6 maanden aan te bieden, zal enige vorm van exploitatie niet vermeden kunnen worden. Daarnaast bestaan er nog andere stimulansen voor de werkgever zoals loondispensatie en speciale belastingaftrek. Bij loondispensatie betaalt de werkgever tijdelijk minder loon aan een werknemer, omdat deze werknemer minder aankan dan andere werknemers.

Zoals gezegd is de Wajong onderhevig aan veel variabelen waarvan ik slechts de meest fundamentele voor je heb toegelicht. Het kan zijn dat de informatie die je aantreft, betreffende de regelgeving van het UWV, inmiddels niet meer actueel is. Ik adviseer je dan ook om de informatie op www.uwv.nl als leidend te beschouwen.

Wajong | De Bijzonderheden

Moeilijk vinden van werkplek

De Wajong is ook bedoeld voor personen die hulp nodig hebben bij het vinden of behouden van een werkplek. De suggestie dat de Wajongregeling het vinden van een betaalde baan zou bemoeilijken, omdat de hoogte van de Wajong-uitkering vaak hoger zou zijn dan wat de Wajonger zou verdienen in een reguliere baan, trek ik sterk in twijfel. De wil om te werken en om mee te draaien in onze maatschappij is bij veel Wajongers dan ook zeer dominant aanwezig. In de praktijk ontvangt 98% van de jonggehandicapten een volledige Wajong-uitkering terwijl slechts 2% een gedeeltelijke uitkering ontvangt.

Stigmatisering door de werkgever

De Wajonger zal in de praktijk vaak geconfronteerd worden met stigmatisering en de terughoudendheid die dit opwekt bij veel werkgevers. Het is dan ook niet voor niets dat het ontwapenen van de werkgever zo centraal staat in het integratieproces van de Wajonger. Door de terughoudendheid wordt enig perspectief op het betrekken van een passende werkplek vaak teniet gedaan. De wil om te werken maar het niet kunnen of mogen kan dan ook zeer ontmoedigend zijn voor de Wajonger.

DE ERVARINGPARADOX

De vraag naar aantoonbare werkervaring kan door veel Wajongers niet beantwoord worden. Voor veel werkgevers is deze behoefte dan ook van enorm belang. De stigmatisering en de daaraan verbonden terughoudendheid door werkgevers, saboteert op zijn beurt het opdoen van praktijkervaring voor veel Wajongers. Dit vergroot weer de afstand tot de arbeidsmarkt waarmee succesvolle arbeidsmarktintegratie voor velen word beperkt tot een minimum. Een paradox waaraan menig Wajonger onderworpen lijkt te worden.

DE IDENTITEIT WORDT NIET BEPAALD DOOR DE DIAGNOSE

Om je staande te houden en niet gebukt te gaan onder het juk van stigmatisering, doe je er wijs aan om je niet te identificeren met de diagnose. De diagnose kan een individu dan ook reduceren tot een etiket. Men dient dan ook te erkennen dat de diagnose onlosmakelijk verbonden is met de identiteit maar dat de identiteit niet bepaald word door de diagnose. Een subtiel maar wezenlijk verschil van perspectief. Zelfacceptatie zonder enige vorm van zelfkastijding.

Tijdens een interview met een Wajonger stelde ik de vraag welke competenties hadden bijgedragen aan het bewaken van de geestelijke stabiliteit. Het antwoord dat volgde was 'geduld'. Het vermogen om de kalmte te bewaren op momenten van onrust en turbulentie. Daarnaast luidde het advies dat men niet bang dient te zijn om zichzelf te laten zien. Ben geen slachtoffer maar een persoon met gevoel en durf dat te uiten. Kortom ben en blijf trouw aan jezelf.

Hoe overleef ik een uitkering?

Gedurende de periode dat je een WW-, Bijstands- of Wajong-uitkering hebt, zijn er vier componenten die centraal staan in het succesvol 'overleven' van deze periode. Het zijn dan ook maatregelen die deze periode aanzienlijk voor je kunnen verzachten.

Maak een fulltime job van solliciteren

Zoals je al hebt kunnen lezen, zijn veel werkgevers ervan overtuigd dat langdurige werkloosheid onlosmakelijk verbonden is met een verlies aan expertise en motivatie. Het is dan ook noodzaak dat je snel weer een nieuwe baan vindt. Je sollicitatieactiviteiten beschouw ik daardoor als primair. Maak dan ook een fulltime job van solliciteren. Bestudeer de arbeidsmarkt, cultiveer je netwerk, optimaliseer je benadering en behoud je focus en bovenal je positiviteit. Zelf solliciteerde ik om de dag. Een dag gebruikte ik om geschikte vacatures te vinden en de daaropvolgende dag schreef ik mijn brieven. Dit patroon volgde ik rigoureus totdat ik slaagde in mijn opzet. Misschien is het voor jou een geruststelling om te weten dat mij dit altijd is gelukt. Het is dan ook de aanhouder die wint. Daarnaast dien je je activiteiten iedere dag te evalueren om daarmee succesvol te kunnen evolueren. Het is dan ook belangrijk dat je jezelf blijft trainen en conditioneren. Zo kun je oneffenheden in je benadering steeds beter gladstrijken. De arbeidsmarkt is constant in beweging en zo dien ook jij synchroon in beweging te zijn. Je moet je sollicitatieactiviteiten dan ook uiterst serieus nemen en ervoor zorgen dat je je ontwikkelt tot een ware arbeidsmarktdeskundige.

Bewaak je financiële stabiliteit

De tweede component die deze transitieperiode enorm kan verzachten, is financiële stabiliteit. Waarschijnlijk zal je laatst genoten inkomen met zo'n 30% tot 40% gereduceerd worden. Je voormalige levensstijl zal dan ook met 30% tot 40% gereduceerd moeten worden. Als je jezelf dezelf-

de privileges blijft verschaffen als in je 'glorie'dagen, dan zal dit je financiële stabiliteit sterk ondermijnen. Daarnaast zal het ook je gevoel van rust saboteren. Je dient je financiën daarom streng te bewaken. Ik adviseer je dan ook om bezuinigingsmaatregelen te nemen. Zelf pleit ik wederom voor een rigoureuze aanpak waarbij je je administratie liefst dagelijks onder de loep neemt en kritisch bekijkt. Zorg dan ook voor een duidelijk overzicht op je betalingsverkeer en je bestedingsgedrag. Microsoft Excel leent zich uitstekend voor het maken van een betalingsoverzicht. Neem ook dagelijks de tijd om methoden te ontwikkelen waarmee je je levenskwaliteit kunt verhogen zonder daarbij financieel te moeten inboeten. Als hulpmiddel treft je onderstaand een lijst met enkele methoden.

Vervoer

☛ Laat de auto eens wat vaker staan. Als je namelijk te voet naar je bestemming kunt reizen, sla je meerdere vliegen in één klap. De wandeling zal namelijk positief bijdragen aan je conditie, daarnaast spaar je de nodige brandstofkosten, reduceer je het effect van mechanische slijtage en spaar je het milieu. Ook het nemen van de fiets of het Carpoolen met een bekende zijn goede alternatieven.

☛ Controleer met regelmaat je bandenspanning. Een te lage bandenspanning zorgt al voor 5% extra brandstofverbruik.

☛ Het is raadzaam om je auto periodiek te laten onderhouden. Ondanks dat het onderhoud kosten met zich mee zal brengen, waarborg je de duurzaamheid van je auto.

☛ Probeer zoveel mogelijk te tanken bij onbemande tankstations. Een en ander omdat de personeelskosten bij deze tankstations vrijwel geen rol spelen in de kostprijs van de brandstof. Je kunt dan ook vaak goedkoper tanken dan bij een bemand tankstation. Indien je over de mogelijkheid beschikt, loont het ook om in België te gaan tanken. Tegenwoordig zijn er ook Apps in omloop die je naar het goedkoopste tankstation kunnen leiden.

Energieverbruik

☛ Verkies de douche boven het bad. Als je daarnaast je douchetijd reduceert tot een minimum, zul je aardig wat liters water besparen. Dit zal een gunstig effect hebben op je jaarafrekening.

☛ Installeer snel een waterbesparende douchekop. Daarmee kun je je waterconsumptie verder reduceren.

☛ Heb je het koud, verkies dan een deken, trui of vest boven het hoger zetten van de verwarming.

- Doe je was op 30 graden en selecteer het snelwasprogramma wanneer mogelijk.

- Daarnaast kun je ook efficiënt gebruik maken van 'dal'uren. Dit zijn uren waarop een lager energietarief wordt gehanteerd.

- Als je een apparaat niet gebruikt, trek dan de stekker uit. Ondanks dat het apparaat uitstaat blijft er altijd een geringe elektriciteitsconsumptie aanwezig.

Telefonie

- SMS of gebruik WhatsApp in plaats van te bellen. Dit zal je telefoonkosten aanzienlijk reduceren.

- Ook kun je overwegen om een e-mail te verzenden in plaats van te bellen. Vooral informatienummers brengen vaak een tarief in rekening. Meestal kun je deze organisaties ook per e-mail bereiken. Spaar jezelf dan ook de kosten en stuur een e-mail.

- Maak gebruik van internetbankieren in plaats van de Girofoon.

Producten

- Loop eens wat vaker een discount- of kringloopwinkel binnen. De prijzen zijn vaak ongelofelijk laag. Soms vind je een product dat je misschien weer kunt verkopen. Zo kun je wellicht nog wat bijverdienen.

- Ondanks dat het misschien een drempel voor je is, adviseer ik je om je kleding bij een kledingbank te halen. Hier vind je best vaak kwalitatief hoogstaande merkkleding voor een prikje.

- Bezoek ook eens wat vaker een internetsite die zich toespitst op gratis of vrijwel kosteloze producten.

- Koop alleen wasmiddel voor de witte was aangezien je hier ook de bonte was mee kunt doen.

- Lauren Singer, een Amerikaanse jongedame, heeft een blog opgericht, dat 'Trash is for Tossers' heet. Haar blog is ook te vinden op Youtube onder dezelfde naam. Lauren heeft zich ontwikkeld tot een ware expert op het gebied van recycling en milieubehoud.

Ze beschrijft dan ook veel manieren waarop je zelf huishoudelijke en schoonheidsproducten kunt maken. Vaak met behulp van natuurlijke en goedkope ingrediënten. Door haar recepten te adopteren kun je jezelf al snel een hoop kosten besparen.

Diversen

- Blijf eens wat vaker bij je familie of vrienden eten. Naast het reduceren van kosten draagt dit ook bij aan je relationele binding.

- Deponeer je kleingeld in een spaarpot. Zo heb je altijd een 'centje' achter de hand.

☛ Verkoop je tweedehands producten via het internet. Misschien dat het je nog wat geld oplevert.

☛ Ook je gebruikte telefoon kun je tegenwoordig inleveren voor geld. Misschien dat je oude toestel dus nog iets opbrengt.

Denk dan ook goed na over iedere euro die je spendeert. Stel jezelf dan ook de vraag of je het product of de dienst werkelijk nodig hebt. Je zult merken dat je inventiviteit en creativiteit een nieuwe dimensie krijgen en dat een minimalistische levensstijl je leven in zekere zin zal verrijken.

Maak de bureaucratie tot een bondgenoot

De derde component waarmee je sterk geconfronteerd zult worden, is de bureaucratie. Je zult misschien het gevoel ontwikkelen dat je onder curatele staat omdat je nu verantwoording moet afleggen aan het UWV of de gemeente. Maak beide echter tot een bondgenoot en maak gebruik van de faciliteiten die men je kan bieden. Je integratiecoach beschikt vaak over veel kennis omtrent de arbeidsmarkt en is daarnaast vaak in het bezit van een groot netwerk. Daarnaast biedt men met regelmaat sollicitatietrainingen, loopbaanadviestrajecten en andere integratieplatforms die misschien van betekenis kunnen zijn. Benut deze mogelijkheden dan ook voor je eigen belang. Zorg daarnaast dat je op jouw beurt correct gehoor geeft aan je bureaucratische verplichtingen zoals je sollicitatieregistratieplicht en eventuele oproepen voor netwerkbijeenkomsten of speed dates.

Doorbreek het taboe

De stigmatisering waaraan je als werkloze zal worden onderworpen, is helaas onontkoombaar. Zelf blijf ik het een bijzonder fenomeen vinden. Het feit dat je door het gebrek aan een baan niet mee lijkt te tellen in onze maatschappij. Alle bewustzijnsvormen die zich niet concentreren op consumptie of productie, lijken dan ook gestigmatiseerd te worden. Als je er alles aan doet om weer aan de spreekwoordelijke 'bak' te komen, dan hoef je jezelf geen verwijten te maken. Laat staan dat je je door sociaal-maatschappelijke conditionering schuldig of minderwaardig gaat voelen. Ben dan ook transparant naar de buitenwereld en schroom niet om kenbaar te maken dat je werkloos bent. Doorbreek het taboe door het bespreekbaar te maken en probeer tijdens dergelijke gesprekken enkele dogmatische ruiten in te gooien. Stigmatisering berust enkel op onwetendheid. Alleen de gestigmatiseerde zelf kan deze onwetendheid opheffen door zaadjes van bewustwording te planten. Daar waar je deze zaadjes plant, cultiveer je ook je netwerk en win je misschien zelfs een bondgenoot in je strijd.

Het Manitoba experiment

In 1974 werd er in Canada in de staat Manitoba een sociaal experiment geïntroduceerd. Dit experiment duurde maar liefst tot 1979. Het experiment werd op twee locaties uitgevoerd. Zowel in de stad Winnipeg, met op dat moment zo'n 450.000 inwoners, en in de stad Dauphin, met destijds zo'n 10.000 inwoners. Het unieke aan Dauphin was dat alle gezinnen die in de stad woonden ook deelnamen aan het experiment. Iedereen kreeg de garantie dat men ondersteund zou worden als het inkomen onder een bepaalde grensnorm zou vallen. Het doel van het experiment was om te achterhalen of mensen zouden stoppen met werken of juist minder uren zouden gaan werken als men zeker werd gesteld van een basisinkomen.

In de daaropvolgende jaren tachtig hebben enkele economen zich uitvoerig over de constructie en de resultaten van het experiment gebogen. Men constateerde dat twee groepen mensen daadwerkelijk minder uren gingen werken. Het betrof de groep getrouwde vrouwen en de groep adolescenten oftewel jong volwassenen. Getrouwde vrouwen bleken het gegarandeerde inkomen te gebruiken om langer zwangerschapsverlof af te kopen. De groep adolescenten, met name jongens, reduceerden het aantal uren dat zij werkten. Veelal omdat ze pas op latere leeftijd aan de eerste fulltime baan zouden beginnen. Velen maakten daarom de keuze om langer door te studeren.

De meest opmerkelijk bevindingen hadden betrekking op de kosten van de gezondheidszorg. Zo daalde het aantal ziekenhuisopnames met 8,5% onder de deelnemers aan het experiment in vergelijking met de controlegroep. Een verklaring hiervoor kon gevonden worden in een vermindering van het aantal ongevallen en verwondingen. Ook constateerde men een reductie in het aantal ziekenhuisopnames wegens psychische problematiek. Deze dalingen illustreren dan ook duidelijk dat er een sterk verminderd beroep werd gedaan op de zorgverzekering.

Weinig mensen stopten dan ook definitief met werken en bijna niemand met een fulltime baan besloot om minder te gaan werken. Het gegarandeerde inkomen creëerde dan ook voldoende stimulans voor mensen om te blijven werken. Als aanvulling op het inkomen van werkende minderbedeelden, werkte het dan ook beter dan andere vormen van de hedendaagse sociale bijstand. Hoe dan ook lijkt het experiment destijds een goede stimulans te zijn geweest voor de economie van Manitoba. Reflecterend naar de onderzoeksresultaten lijkt een dergelijke stimulans ook voor onze economie zeer welkom.

10.
Aandachtsgroepen

Afgestudeerde jongeren

Als pas afgestudeerde treed je voor het eerst toe tot de arbeidsmarkt. Een tot dusver onbekend terrein. Voor veel afgestudeerde jongeren vormt het vinden van een passende baan dan ook een enorme opgave.

Het betreden van de arbeidsmarkt

Studenten zouden structureel moeten worden voorbereid op het toetreden tot de arbeidsmarkt. Momenteel bevindt er zich namelijk een vacuüm tussen de opleiding en het bedrijfsleven. Om de transitie van studie naar het bedrijfsleven te faciliteren, hebben het bedrijfsleven en

de overheid het zogenaamde Werkakkoord ondertekend. Bij het faciliteren van de transitie kun je denken aan het creëren van stageplekken, leer-werktrajecten maar ook volledige opleidingen. Het Werkakkoord legt dus veel verantwoordelijkheid bij de werkgever. Het is dan ook de werkgever die de voornaamste rol speelt in het vergroten van kansen voor jongeren op een baan.

Stage wordt niet erkend als echte werkervaring

Menig afgestudeerde heeft vaak meerdere stageperiodes doorlopen alvorens hij of zij de arbeidsmarkt betreedt. Deze stages dienen er toe om praktijkervaring op te doen, om daarmee in een later stadium de transitie naar de arbeidsmarkt te kunnen versoepelen. Helaas wordt deze stage-ervaring vaak niet erkend als 'echte' werkervaring. Praktijkervaring opgedaan tijdens een stage lijkt dan ook inferieur aan ervaring opgedaan tijdens een volwaardig dienstverband.

Deels is deze overtuiging in het bedrijfsleven te verklaren. Een en ander omdat veel stagiaires voornamelijk worden ingezet voor secundaire werkzaamheden zoals archiveren en dataregistratie. Dit zijn werkzaamheden die de student helaas weinig groeipotentieel bieden. Het draagt dan ook niet bij aan het verkrijgen van solide en inzetbare werkervaring. Menigeen binnen het bedrijfsleven houdt dit fenomeen dan ook in stand. Men heeft het te druk om de stagiaire voldoende te begeleiden en wil daardoor geen activiteiten afstoten die deze begeleiding afdwingen. Daarnaast beschouwt men de stagiair ook vaak als niet bekwaam genoeg. Wat iemand ervan weerhoudt om complexere taken af te staan. Het product van decennia aan conditionering.

Beschouw de stageplek als een netwerk

Als student doe je er wijs aan om een stageplek te beschouwen als een netwerk en deze dus ook als dusdanig te cultiveren. Creëer zoveel mogelijk binding met personen die je later eventueel kunnen bijstaan in het vinden van een passende baan. Maak hierbij ook gebruik van Social Media zoals Facebook en LinkedIn. Zo kun je ook in een later stadium altijd contact opnemen met deze personen. Gebruik het podium dat je nu aangereikt krijgt dus om jezelf krachtig te profileren. Je dient een dusdanig visitekaartje achter te laten dat men je naam niet snel zal vergeten.

Daarnaast dien je zoveel mogelijk verantwoordelijkheid naar je toe te trekken dan wel af te dwingen. Men zal het je namelijk niet snel aanreiken. Laat dus duidelijk merken en vooral zien dat je de verantwoordelijkheid aankunt. Stel je eigen groei centraal tijdens een periode van stage. De belangen van de werkgever zouden eigenlijk een ondergeschikte rol moeten spelen. Een en ander omdat de organisatie namelijk ook zonder jou kan functioneren.

DE ERVARINGPARADOX

Menig afgestudeerde krijgt ook te maken met de zogenaamde ervaringparadox. Men reageert dan op vacatures, maar wordt herhaaldelijk afgewezen op grond van een gebrek aan ervaring. We hebben al kunnen lezen dat stage door veel werkgevers niet erkend wordt als echte werkervaring. Het is mede deze overtuiging waardoor men nu niet in staat zal zijn om ervaring op te doen. Hiermee blijft de vicieuze cirkel voor velen instand. Naast de nodige frustratie die dit fenomeen kan opwekken, drijft het ook veel jongeren naar banen met een lage instapdrempel. We treffen deze jongeren dan ook vaak aan in de retail, de horeca of het callcenter. Vaak bieden deze functies weinig perspectief al kunnen ze wel de springplank vormen naar een meer passende baan.

DE BEHOEFTE AAN PERSOONLIJKE IDENTIFICATIE

Menig afgestudeerde is enorm gedreven om aan de slag te gaan. Men heeft tenslotte niet voor niets al die jaren gezwoegd. De behoefte om een baan te vinden waarmee men zich sterk kan identificeren, is juist voor deze groep enorm belangrijk. In die zin dat als men gaat solliciteren, men zich aanvankelijk alleen zal concentreren op banen die aansluiten bij de genoten opleiding en de persoonlijke interesses.

Daarnaast woont menig afgestudeerde nog in bij de ouders. Hierdoor ondervindt men vaak geen financiële of sociale dwang om werk aan te nemen van een andere aard of onder het gewenste niveau. In eerste instantie zal men dan ook niet snel ingaan op aanbiedingen van recruiters die niet of nauwelijks aansluiten op het gewenste profiel.

Geconcentreerd solliciteren

Tijdens een afstudeerjaar van een faculteit zal er een klein legioen aan afgestudeerden de arbeidsmarkt betreden. Deze afgestudeerde jongeren zullen vervolgens allemaal geconcentreerd gaan solliciteren binnen een bepaald segment. Het lokale aanbod van vacatures binnen dit segment zal nu in schril contrast staan met de ontstane vraag. De lokale marktverzadiging neemt dan toe terwijl het vacatureaanbod, afhankelijk van de sectorgroei, gering blijft of zelfs afneemt.

Jongeren werken steeds vaker op flexibele basis

Jongeren worden steeds vaker op basis van een flexibele aanstelling aan het werk gezet. De kans op een vaste aanstelling wordt daarnaast steeds kleiner en is inmiddels dan ook een schaars fenomeen geworden. Een flexibele baan kan echter ook voordelen bieden voor jongeren. Een en ander omdat de kans op het vinden van een passende baan vergroot wordt. De flex-plek fungeert in dezen als een opstapje. Helaas ondervinden flexwerkers op hun beurt weer een hoger risico op het verlies van hun baan. Dit heeft weer te maken met het conjunctuurgevoelige karakter van deze banen.

De overheid trekt zich terug van jongeren

Een bijzonder detail is dat jongeren die werkloos raken dit zichzelf steeds meer aanrekenen. De overheid trekt zich daarnaast steeds meer terug. Er wordt dan ook een groter beroep uitgeoefend op de kracht van het individu. Volgens de overheid zouden jongeren nu eenmaal beschikken over een verhoogde arbeidspotentie.

De focus wordt dan ook verlegd naar groepen met een grotere afstand tot de arbeidsmarkt zoals de vijftigplusser en de Wajonger. De jongeren worden zo'n beetje aan het lot overgelaten lijkt het. Mede door het terugtrekken van de overheid is het dus erg belangrijk om studenten structureel voor te bereiden op het toetreden tot de arbeidsmarkt.

De voordelen van afgestudeerde jongeren

Veel jongeren beschikken tegenwoordig over een hoge en actuele opleiding en zijn daarnaast makkelijk kneedbaar en flexibel inzetbaar. Daarnaast stellen ze vaak lage salariseisen. Ook is men vaak meer productief en gedreven dan een oudere werknemer en worden technologische innovaties als minder abstract ervaren. Tevens beschikt menig jongere over een blakende gezondheid. Men is dan ook fit en zal niet snel kwaaltjes ondervinden. Door deze combinatie zijn ze erg gewild voor het bedrijfsleven.

De nadelen van afgestudeerde jongeren

Jongere werknemers zijn vaak minder loyaal naar hun werkgever. Men zal dan ook sneller de keuze maken om het bedrijf te verlaten. Jongeren zijn in die zin ontvankelijker voor aanbiedingen van andere organisaties. Jongeren stellen dan ook andere salariseisen en zijn meer geconcentreerd op groei en ontwikkeling. Daarnaast beschikken jongere werknemers over minder kennis. Het ontbreekt dan ook vaak aan specifieke branche-ervaring. Beginnersfouten worden dan ook veel gemaakt. Tevens beschikken jongeren over het algemeen over een minder stabiele werk- en privé-balans.

Blijf doorstuderen

Voor veel jongeren zal het vinden van een passende baan een enorme uitdaging blijven. Mijn advies is om zolang mogelijk te blijven studeren. In de toekomst zal veel werk namelijk kennisintensiever worden. Een hoog opleidingsniveau is dan ook het beste wapen tegen toekomstige werkloosheid. Daarnaast bevordert herhaaldelijke deelname aan onderwijs het maken van transities op de arbeidsmarkt.

Alleenstaande ouders

Voor alleenstaande ouders is het betreden van de arbeidsmarkt een moeizaam proces. Men wordt geconfronteerd met een breed scala aan drempels. Deze drempels maken het vaak moeilijk om een passende werkplek te vinden. Als alleenstaande ouder word je dan ook met meer hinderlijke aspecten geconfronteerd dan een alleenstaande. Het is dan ook niet voor niets dat onder het aantal personen met een WW-uitkering het aandeel van alleenstaande ouders evenals allochtonen van enorme omvang is.

Emotionele ontwrichting

Ten eerste dient de emotionele component niet onderschat te worden. Een ouder die zich omwille van een baan moet distantiëren van een kind, kan ontwrichtende emoties ervaren. Emoties zoals schuld omtrent het afstand nemen van verantwoordelijkheid. Maar ook algehele bezorgdheid over het welzijn van het kind kan al snel op de voorgrond treden en zich sterk manifesteren.

Kinderopvang en mobiliteitsproblematiek

Daarnaast kunnen ook de hoge kosten voor lokale kinderopvang en mobiliteitsproblematiek ervoor zorgen dat men moeilijk uit de thuissituatie kan treden. Als men zich als werknemer flexibel dient op te stellen omdat een werkgever dit verlangt, kan structurele kinderopvang en mobiliteit bemoeilijkt worden door de onregelmatigheid van de te werken diensten. Vooral in sectoren waar onregelmatige diensten de norm zijn, zoals de horeca en de zorg, kan dit problematisch zijn. Naarmate

de kinderen ouder worden dient er dan ook een steeds groter beroep te worden gedaan op de flexibiliteit van de kinderen.

Sociaal-maatschappelijke conditionering

Helaas worden alleenstaande ouders ook vaak blootgesteld aan sociaal-maatschappelijke conditionering in de vorm van stigmatisering. Ze genieten vaak het 'medelijden' van anderen of worden gezien als een 'zwart schaap'. Welk beeld roept de term 'Bijstandsmoeder' bij jou op?

Sociaal isolement

De afstand tot de arbeidsmarkt is vaak groot voor deze groep. Een afstand die mede wordt veroorzaakt door de constante zorg en focus die uitgaat naar de opvoeding van het kind. Vooral bij zeer jonge kinderen vergt de opvoeding veel aandacht. Door deze constante aandacht verkeren veel alleenstaande ouders vaak in een sociaal isolement.

Ontheffingsrecht

Gemeentelijke instanties erkennen gelukkig de noodzaak van een aandachtige opvoeding. Als alleenstaande ouder, met één of meer kinderen jonger dan vijf jaar, beschikt men dan ook over het ontheffingsrecht. Men hoeft dan niet te solliciteren gedurende de ontheffingperiode die vaak zo'n vijf jaar duurt. Heb je kinderen tussen de vijf en twaalf jaar, dan wil dat nog niet betekenen dat je in aanmerking komt voor ontheffing. De gemeente zal altijd bekijken of je gebruik kunt maken van kinderopvang of alternatieve opvangmethoden. Als deze 'privileges' niet aanwezig zijn, kan er aanspraak worden gemaakt op het ontheffingsrecht.

Het volgen van scholing tijdens de ontheffing

Tijdens de ontheffing word je gestimuleerd om scholing te volgen. Zo kun je er na de ontheffing sneller in slagen om een passende baan te vinden. De mogelijkheden die door de instantie worden aangeboden, bieden in de realiteit vaak weinig perspectief. Alleenstaande ouders met minimaal een HAVO-, VWO- of MBO-2 diploma kunnen kiezen tussen scholing of stage. Hoewel een stage praktijkervaring zal opleveren, zal de toestroom tot de arbeidsmarkt in veel gevallen worden beperkt of volledig een halt worden toegeroepen. Alleenstaande ouders die een lagere opleiding hebben gehad, krijgen de mogelijkheid alsnog een HAVO-, VWO- of MBO-2 diploma te halen. Afgaande op het feit dat onze arbeidsmarkt HBO verzadigd is, en dat lagergeschoolde banen minder stabiliteit bieden, zien de vooruitzichten er niet gunstig uit. Laaggeschoolde posities garanderen vaak minder flexibiliteit met betrekking tot het aantal te werken uren. Daarnaast bieden dergelijke banen vaak geen continuïteitgaranties voor de lange termijn.

DE VOORDELEN VAN EEN ALLEENSTAANDE OUDER

Als een alleenstaande ouder er bewust voor kiest om de arbeidsmarkt te betreden, doet men er wijs aan hen deze gelegenheid te schenken. Gedreven door de zorg voor het kroost, is deze groep vaak uiterst gemotiveerd en dienstbaar. Daarnaast wordt deze groep gekenmerkt door een goed gevoel voor verantwoordelijkheid en loyaliteit. Men zal men minder snel de keuze maken om het bedrijf te verlaten, omdat men meer behoefte heeft aan stabiliteit. Vanuit deze behoefte zal men ook andere salariseisen stellen. Ook het kunnen deelnemen aan het maatschappelijk leven en het ontvluchten van het sociale isolement, kan een therapeutische werking uitoefenen op het individu.

DE NADELEN VAN EEN ALLEENSTAANDE OUDER

Als werknemer verlangt de alleenstaande ouder een grotere behoefte aan flexibiliteit. Vooral daar waar onregelmatige diensten de norm zijn, kunnen kinderopvang en mobiliteit bemoeilijkt worden door de onregelmatigheid van de te werken diensten. Ook als het kind ziek is, zal de ouder sneller geneigd zijn om zich over het kind te ontfermen dan het kind af te staan aan de opvang. Indien het kind schoolgaand is, vraagt dit ook meer flexibiliteit van de ouder. Factoren waar een werkgever dan ook rekening mee dient te houden.

50-plussers

SELECTIEVER GEBRUIK VAN VACATUREKANALEN

Om de 50-plusser uit het sociale en economische isolement te halen, dienen werkgevers zich meer te concentreren op het gebruik van vacaturekanalen die ook door 50-plussers worden gebruikt. Deze kanalen zullen dan ook vaak wat conservatiever van aard zijn. Het is voornamelijk de krant en het eigen sociale netwerk die ingezet worden om een nieuwe baan te vinden. Ook het gebruik van vacaturesites zal enigszins een voorkeur hebben. We zien echter dat het gebruik van LinkedIn en Facebook een ondergeschikte rol speelt in de arbeidsmarktbenadering van de 50-plusser.

Onjuiste salarisverwachting door werkgever

Veel werkgevers gaan er helaas ten onrechte van uit dat ouderen vanwege hun kennis een hoger salaris verwachten dan jongeren. In werkelijkheid zijn veel ouderen juist bereid om te werken voor hetzelfde loon als jongeren.

De kostenloze proefperiode

De associatie die de leeftijd van de kandidaat oproept, kan al voldoende zijn om de deur voorgoed te sluiten. Een goede methode om een werkgever te overtuigen van je capaciteiten als 50-plusser, is een kostenloze proefperiode. In goed overleg met je uitkeringsinstantie of gemeente zijn dergelijke constructies vaak geoorloofd met behoud van uitkering. Je dient je uitkeringsinstantie er dan ook van te overtuigen dat een proefperiode misschien een brug kan vormen naar een betaalde baan. Als de uitkeringsinstantie en de werkgever beide akkoord gaan met je voorstel, dan dien je de tijd die je geschonken krijgt volledig te benutten om je niveau en competenties zo duidelijk mogelijk te benadrukken.

De voordelen van een 50-plusser

Uiteraard biedt het aannemen van 50-plus personeel een werkgever veel voordelen. Zo zijn oudere werknemers vaak loyaal naar hun werkgever en zal men minder snel de keuze maken om het bedrijf te verlaten. Jongeren zijn in die zin ontvankelijker voor aanbiedingen van andere organisaties, stellen andere salariseisen en zijn meer geconcentreerd op groei en ontwikkeling. Daarnaast beschikken oudere werknemers over meer kennis. Vaak in de vorm van specifieke branche-ervaring. Beginnersfouten worden dan ook niet gemaakt. Door hun kennis en ervaring te vertalen naar de praktijk zal ook menig bedrijfsproces verbeterd kunnen worden. Ook brengt de introductie van oudere werknemers meer diversiteit met zich mee in de organisatie. Tevens beschikt men over het algemeen over een stabielere werk- en privé-balans dan jongeren. Ook zal het aannemen van 50-plus personeel premiekortingen kunnen opleveren voor werkgevers. Echter, deze constructies zijn vaak onderhevig aan verandering.

DE NADELEN VAN EEN 50-PLUSSER

Uiteraard zijn er ook nadelen verbonden aan het aannemen van oudere werknemers. Menig 50-plusser beschikt over een lage of verouderde opleiding. Daarnaast is men vaak minder productief dan een jongere werknemer en worden technologische innovaties vaak als abstract ervaren. Tevens zal menig 50-plusser ook langzaam de gevolgen van het ouder worden ervaren door de opkomst van allerlei leeftijdsgerelateerde kwaaltjes.

Ook zal menig 50-plusser de eroderende gevolgen van langdurige werkloosheid als meer confronterend ervaren dan andere doelgroepen. Men kan namelijk al snel de nadruk leggen op het feit dat het werkzame leven langzaam ten einde is gekomen. Een suggestie die gepaard kan gaan met de nodige daling van het zelfrespect. Een waar verlies voor onze maatschappij.

Allochtonen

ECONOMISCHE EN POLITIEKE IMMIGRATIE

Onder immigratie verstaan we een niet-tijdelijke vestiging in een ander land dan het land van geboorte. Voor velen berust de motivatie om te emigreren op een drang naar welvaart. We treffen naast deze economische ook vele politieke immigranten aan in Nederland. Politieke immigranten zijn personen die op de vlucht zijn geslagen voor oorlog, verderf en vervolging in hun eigen vaderland. In Nederland is het aandeel aan economische immigranten groter dan het aandeel aan politieke immigranten.

De Nederlandse multiculturele samenleving

De Nederlandse multiculturele samenleving is het product van een open en tolerante houding ten opzichte van immigranten. Deze tolerante houding is niet uit zichzelf ontstaan, maar de afgelopen decennia structureel geconditioneerd. In de jaren zestig heeft de Nederlandse overheid een groot beroep gedaan op de integratie van Turken en Marokkanen. Deze groepen werden destijds als gastarbeider geïntroduceerd omdat wij zelf te weinig werknemers hadden. Deze generaties werden later gevolgd door gezins- en familieleden. In de daaropvolgende decennia zagen we de toestroom van politieke vluchtelingen uit oorlogsgebieden zoals Vietnam, Iran en Irak toenemen. Tegenwoordig zien we dat steeds meer Oost-Europeanen zich uit economische motieven gaan vestigen in Nederland.

De werkloosheid onder niet-westerse allochtonen

De werkloosheid onder niet-westerse allochtonen is de afgelopen jaren steeds verder toegenomen. Ook zien we dat niet-westerse allochtone vrouwen vaker werkloos zijn dan niet-westerse allochtone mannen. Dit heeft vaak te maken met de culturele opvattingen omtrent de sociaal-maatschappelijke positie van de vrouw. Vooral binnen agrarische islamitische en Afrikaanse culturen treffen we vaak een zogenaamde patriarchale hiërarchie. Dat wil zeggen dat de man bij islamitische en Afrikaanse culturen van landelijke komaf, vaak aan het hoofd staat van het gezin. De vrouw vervult in deze context een ondergeschikte rol. Het verbaast dan ook niet dat wij haar niet veel op de arbeidsmarkt aantreffen.

Niet-westerse allochtone jongeren zijn in zo'n 30 procent van de gevallen werkloos. Hoogopgeleide allochtonen ondervinden daarnaast meer moeite met het vinden van een passende baan dan hoogopgeleide autochtonen. De voornaamste reden is een beperkte beheersing van de Nederlandse taal. Daarnaast krijgt men ook vaak minder hulp van de directe familie en de omgeving. De werkloosheid onder hoogopgeleide allochtonen is zelfs 2,5 keer zo hoog als onder autochtonen.

DE SOCIALE KLASSE IS BEPALEND VOOR DE SLAGINGSKANS

Voorheen werd gedacht dat allochtonen minder snel een goede baan krijgen omdat ze tot een etnische minderheid behoren. Momenteel beweren onderzoekers dat niet etniciteit, maar de sociale klasse bepalend is voor de slagingskans in het vinden van een passende baan. Veel allochtonen behoren namelijk tot de lagere sociale klasse en hebben daardoor minder kans op de arbeidsmarkt.

BEHEERSING VAN DE NEDERLANDSE TAAL

Als je tot een van de bovenstaande aandachtsgroepen behoort, dan vergroot je je slagingskans door het leren van de Nederlandse taal als primair te beschouwen. Voor veel werkgevers blijft taalvaardigheid namelijk een belangrijk selectiecriterium. Helaas zien we dat veel allochtone werknemers moeite hebben met het beheersen van de Nederlandse taal. Een slechte schrijf- en spreekvaardigheid vormt voor lagere functies vaak minder snel een probleem, maar naarmate het niveau op de arbeidsmarkt stijgt, zien we dat de beheersing van de Nederlandse taal steeds belangrijker wordt.

EEN BESCHEIDEN CV

Daarnaast lijken allochtonen vaak over een bescheiden CV te beschikken. In die zin dat men de genoten verantwoordelijkheden vaak beperkt benadrukt. Dit in schril contrast tot de autochtone Nederlander die het CV een stuk uitgebreider opstelt. Allochtonen beschikken daarnaast vaak over een CV waaruit blijkt dat men opleidingen heeft gestapeld. Stapelen wil zeggen dat men eerst bijvoorbeeld de MAVO heeft gevolgd om vervolgens door te stromen naar het MBO en aansluitend het HBO. Enigszins dogmatisch verwachten veel recruiters dat kandidaten die op een lager opleidingsniveau zijn gestart, over minder vaardigheden beschikken dan sollicitanten die direct een HBO-opleiding hebben gevolgd. Daarnaast komen allochtonen ook vaker in aanraking met tijdelijke of flexibele functies. De vermelding van veel verschillende banen op het CV zal door veel werkgevers als risicovol worden ervaren.

Presentatie

Tevens nemen veel allochtonen tijdens een gesprek een afwachtende of bescheiden houding aan. Een werkgever kan een dergelijke houding ervaren als een gebrek aan initiatief en assertiviteit. Daarnaast constateren veel recruiters dat niet-westerse migranten hun gesprekspartner niet aankijken, een slappe hand geven en weinig tot geen vragen stellen tijdens een gesprek. Tevens zien we in de praktijk dat veel allochtonen de verkeerde motivaties opperen tijdens een interview. Men doet bijvoorbeeld een beroep op het feit dat men geld nodig heeft of dat men simpelweg wil werken. Dat is uiteraard niet voldoende om een werkgever te overtuigen.

Ook het uiterlijk kan nog steeds een negatieve invloed hebben op de slagingskans in het vinden van een passende baan. Vooral uiterlijke aspecten die naar het geloof verwijzen, kunnen een hindernis opwerpen.

Voornamelijk binnen het publieke domein, waar men veel waarde hecht aan een neutrale uitstraling, kan dit een probleem zijn. Dit zouden de voornaamste redenen zijn waarom veel niet-westerse migranten niet door de sollicitatieprocedure heen komen.

Stereotypering en associatie door werkgever

Onderzoekers hebben verschillende werkgevers gevraagd in welke volgorde zij vijf medewerkers van gelijke geschiktheid zouden aannemen. De autochtone Nederlander blijkt de meest favoriete kandidaat. Op de tweede en derde plaats staan de Turkse en de Surinaamse Nederlander. De Antilliaanse en de Marokkaanse Nederlander staan op de vierde en vijfde plaats.

Autochtone Nederlanders worden beschouwd als de meest aantrekkelijke kandidaat omdat ze deel uitmaken van de eigen cultuur. Personen van Turkse komaf worden beschouwd als kalme, harde en betrouwbare werknemers. Surinamers worden door veel werkgevers beschouwd als goed geïntegreerd en sociaal. Daarentegen beschouwt men deze groep niet als harde werkers of bekwame leidinggevenden. Personen van Marokkaanse of Antilliaanse komaf worden veelal beschouwd als onbetrouwbaar en zelfs crimineel.

Ook eerdere ervaringen met allochtonen op de werkvloer kunnen voor negatieve associaties zorgen. Vaak gaat het in deze context niet over de kwaliteit van het geleverde werk maar over de randverschijnselen. Dit zijn aspecten zoals te laat op het werk komen, het willen nemen van te lange vakanties en een grotere behoefte aan flexibiliteit tijdens de ramadan. Daarnaast zorgen de actuele globale spanningen omtrent de islam en de negatieve connotatie die Oost-Europese werknemers oproepen, er ook voor dat allochtonen een kleinere kans van slagen hebben op de Nederlandse arbeidsmarkt.

Adoptie van kernwaarden en normen

Als je tot deze aandachtsgroep behoort, adviseer ik je om het Nederlandse normen- en waardenkader strikt te adopteren. In het verlengde adviseer ik je stellig om een autochtoon netwerk te cultiveren. Dit zijn autochtone Nederlanders die je kunnen begeleiden in onze maatschappij en die daarnaast ook de weg weten op de arbeidsmarkt. Je dient dan ook bruggen te slaan en hiervoor heb je ambassadeurs van Nederlandse bodem nodig. Indien mogelijk is het ook raadzaam om een studie te volgen. Met dit laatste sla je zelfs meerdere vliegen in één klap. Je leert hierdoor sneller de Nederlandse taal, zult daarnaast directer geconfronteerd worden met het Nederlandse normen- en waardenkader en je bent beter in staat om een netwerk te cultiveren. Door de bovenstaande maatregelen te nemen, ontstaat in de eerste plaats een versnelde culturele integratie die op zijn beurt weer je arbeidsmarktintegratie zal versnellen.

Laagopgeleiden

Veel laaggeschoold werk verdwijnt

Integratie op de arbeidsmarkt is vooral voor laagopgeleiden een bijzonder moeizaam proces. Voor laagopgeleiden zijn de bestaande arbeidsplaatsen vaak schaars te noemen. Daarnaast zien we dat veel laaggeschoold werk verdwijnt. Dit wordt veroorzaakt door de versnelde introductie van automatisering en de migratie van productiefaciliteiten naar lagelonenlanden. Vooral de logistiek en de productiesector worden hierdoor getroffen. Daarnaast kunnen ook bezuinigingen gezien worden als een oorzaak voor het verdwijnen van arbeidsplaatsen. Ook worden laagopgeleiden stelselmatig verdrongen door personen met een middelbare of hogere opleiding.

Weinig bevrediging in het werk

Als men uiteindelijk een baan heeft gevonden, lijkt men weinig bevrediging te ervaren in het werk. Als laagopgeleide werkt men vaak onder beroerde omstandigheden, op onaangename tijden, tegen lage lonen en op tijdelijke contracten. De stigmatisering waaraan menig laagopgeleide wordt onderworpen, laat ik zelfs nog buiten beschouwing.

Concurrentie van arbeidsgehandicapten en bijstandsgerechtigden

Als klap op de vuurpijl ervaren laagopgeleiden ook nog eens concurrentie van arbeidsgehandicapten en bijstandsgerechtigden. Door de toestroom van deze groepen naar de arbeidsmarkt wordt veel werkgelegenheid weggenomen. Dit komt doordat veel uitkeringsgerechtigden als tegenprestatie of voor hun eigen integratie verplicht moeten werken met behoud van uitkering. In de Wet Werk en Bijstand is opgenomen dat dergelijk bewegingen op de arbeidsmarkt niet mogen leiden tot het verdringen van regulier werk of het volledig verdwijnen van geschikte arbeidsplaatsen. Helaas blijkt dit in de praktijk een illusie te zijn.

Transitionisten

DE TRANSITIONIST

Transitionisten zijn personen die besluiten om vanuit een bepaalde sector over te stappen naar een andere sector. Denk bijvoorbeeld aan een persoon die vanuit de zorg de overstap wil wagen naar het commerciële bedrijfsleven. Tijdens een dergelijke transitie zal men onherroepelijk geconfronteerd worden met drempels. Doordat de persoon vaak niet beschikt over de voor de sector gewenste competenties, de benodigde

ervaring en de daaraan gerelateerde kwalificaties, zal deze overstap al snel moeilijk verlopen.

DE VEILIGE HAVEN VERLATEN

De motivatie om de veilige haven te verlaten en in te ruilen voor onbekende wateren kan berusten op meerdere factoren. Zo kunnen bezuinigingen en beperkte doorgroeimogelijkheden binnen een sector het toekomstperspectief enorm vertroebelen. Uit economische en ontwikkelingsmotieven zal men zich dan gedwongen voelen om de sector te verlaten. Ook het wegsaneren van functies, demoties en migraties kunnen de doorstroom binnen een sector behoorlijk bemoeilijken. Daarnaast kunnen de kosten voor een specialisatie binnen een sector dermate onbereikbaar zijn, dat een complete omscholing een beter alternatief lijkt. Uiteraard kan het ook zijn dat men zich simpelweg niet meer kan identificeren met het werk.

Men wil dan iets anders, iets verfrissends, iets nieuws.

EEN ANDER ARBEIDSMARKTPERSPECTIEF

De overstap naar een andere sector brengt ook een ander arbeidsmarktperspectief met zich mee.
Zo kan het zijn dat de transitie leidt naar een sector waar juist meer of minder specialisatie benodigd is. Ook de voor de nieuwe sector kenmerkende interpersoonlijke interactievormen, kunnen als abstract worden ervaren. Daar waar in de zorg bijvoorbeeld het welzijn van de patiënt centraal staat, zal in het commerciële bedrijfsleven het maandquotum centraal staan. Persoonlijk belang verschuift in dezen naar commercieel belang en dit kan door sommige transitionisten als confronterend ervaren worden.

Transitiestress

Een dergelijke transitie kan gepaard gaan met de nodige negatieve emoties zoals angst en ontmoediging.

Ook de onwetendheid omtrent de duur van de werkloosheid kan intense spanningen veroorzaken.

Desalniettemin kan een transitie ook een algehele stressreductie teweegbrengen. Dit laatste is voornamelijk het geval als men zich niet meer kon identificeren met het werk en men zich met veel krachtinspanning heeft moeten ontworstelen. Vooral de beginperiode van de werkloosheid zal dan aanvoelen als een ware verademing. Een periode om weer met zich zelf in het reine te komen en een nieuwe koers uit te zetten.

Het uitzetten van een nieuwe koers

Het uitzetten van die nieuwe koers is wat iedere transitionist kenmerkt. Ik heb het voorrecht gehad om meerdere personen te hebben mogen interviewen. Onder deze personen ook een enkele transitionist. Tijdens dit interview stelde ik de vraag welk advies men zou geven aan personen die een soortgelijke transitie willen maken. Het antwoord wat volgde was aanvankelijk filosofischer van aard dan ik had verwacht.

'Blijf vooral denken in mogelijkheden en probeer deze mogelijkheden te formuleren in reële doelstellingen. Heb geen vrees om uit de comfortzone te treden en probeer wijsheid te onttrekken uit iedere situatie waarmee je in het grote onbekende wordt geconfronteerd. Probeer het oude los te laten en stel jezelf open voor het nieuwe'.

Wijze woorden gesproken door een ervaringsdeskundige en nu van waardevolle betekenis voor dit handboek.

Geslacht

ONBESPROKEN VOORKEUR

Voor de meeste vacatures zullen zowel mannen als vrouwen worden uitgenodigd om te solliciteren. Dit heeft te maken met de zogenaamde gelijkberechtiging. Mannen en vrouwen zouden tijdens het sollicitatieproces dan ook een gelijkwaardige beoordeling moeten krijgen. Je mag er echter van uitgaan dat de organisatie in de meeste gevallen al een onbesproken voorkeur heeft voor een man of een vrouw.

DE BURGERLIJKE STAAT KAN EEN DREMPEL VORMEN VOOR VROUWELIJKE KANDIDATEN

Voor veel vrouwen zal er een drempel worden gevormd door de burgerlijke staat. Veel organisaties staan namelijk wantrouwend tegenover vrouwelijke kandidaten. De bezetting van een vacature gaat gepaard met een capaciteitsplanning voor de lange termijn. Bij de vrouwelijke kandidaat ontstaat helaas vaak het vermoeden dat ze in de toekomst een grotere waarde zal gaan hechten aan haar privéleven dan aan haar carrière. Zwangerschap, verhuizing en de vermindering van arbeidsuren zijn symptomen die veel werkgevers dan ook liever vermijden. Deze overtuiging zorgt dan ook vaak voor de onuitgesproken voorkeur.

GEHUWDE MANNEN STAAN VAAK STERKER

Mannelijke kandidaten genieten in ons collectief nog vaak de voorkeur boven een vrouw. Daarentegen kan de vrijgezellenstatus door sommige organisaties worden gezien als een handicap. Gehuwde mannen staan dan ook vaak wat sterker. Ze hebben ten-

slotte hun plaats in de maatschappij gevonden en zullen meer overtuiging uitdragen in de keuze van hun loopbaan.

Maatschappelijke conditionering

Daarnaast lijken we maatschappelijk geconditioneerd te zijn, doordat we de man binnen onze maatschappij meer waarde toekennen naarmate hij ouder wordt. Terwijl bij de vrouw juist een tegenovergestelde visie gehanteerd lijkt te worden.
Gedurende duizenden jaren bekleedde de man de rol van beschermer, jager en krijger. Uiterst mannelijk en patriarchaal van aard. De rol van de vrouw daarentegen was die van verzorgster, verzamelaar en matriarchaal. Deze rolverdeling heeft ervoor gezorgd dat onze huidige maatschappij conform deze 'conservatieve' regels is ingericht.

Er wordt meer waarde toegekend aan vrouwelijke waarden

Momenteel leven we in een tijd waarin steeds meer waarde wordt toegekend aan vrouwelijke waarden zoals dienstbaarheid, tolerantie en sociale cohesie. Dit zijn waarden die nog altijd in schril contrast staan met de waarden waarop onze maatschappelijke structuren zijn ingericht. Gelijkheid, wat beschouwd mag worden als een typisch Nederlandse, fundamentele kernwaarde, lijkt in zekere zin nog in de kinderschoenen te staan. Er is dan ook nog altijd geen sprake van een gelijkwaardige beoordeling van mannen en vrouwen bij hun arbeidsmarktintegratie.

Uiterlijke verschijning

Hoe oppervlakkig je het ook zult vinden, het uiterlijk blijft een grote rol spelen tijdens het sollicitatieproces.

Onderzoek van Harvard University heeft uitgewezen dat een aantrekkelijk uiterlijk, in combinatie met een goed ontwikkelt intellect, een grote succesfactor blijkt tijdens het sollicitatiegesprek. Uit dit onderzoek blijkt namelijk dat de persoonlijke zelfwaarde sterk afhangt van het uiterlijk.

Personen die als aantrekkelijk worden beschouwd verdienen meer, zijn vaak beter opgeleid en zelfverzekerder. De intelligentie van een persoon is echter meer van invloed op de hoogte van het salaris dan het uiterlijk. Aantrekkelijke personen hebben vaak de neiging om zichzelf hoger in te schatten wat eventueel kan leiden tot minder financiële stress en een hoger salaris.

11.
Dogmatisme

Dogmatisme is de algemene aanduiding voor een overtuiging of houding waarbij iemand niet meer in staat is een mening te herzien op grond van nieuw verworven informatie. Het begrip impliceert dat iemand een overtuiging op een onnadenkende en conformistische manier hanteert zonder de fundamenten daarvan ter discussie te willen stellen.

Persoonlijke identificatie

HET INKOMEN ALS DRIJFVEER

Het merendeel van de bezette arbeidsplaatsen wordt bekleed door personen wier identificatie met het werk slechts magere proporties lijkt aan te nemen. Het inkomen lijkt voor deze groep vaak de enige drijfveer.

Karl Marx sprak zelfs over vervreemding. Dit is een fenomeen waarbij men zich niet kan identificeren met het product dat men produceert of de dienst die men vervult. Arbeid wordt binnen het kapitalisme namelijk verkocht als een product. Een product dat vervolgens door de kapitaalbezitter wordt ontnomen en waarvan de meerwaarde als winst wordt geïncasseerd. Het verrichten van arbeid geeft in deze context geen bevrediging meer.

Werk verwarren met plezier

Als je enkel werkt voor het geld, dat je vervolgens weer besteedt aan 'leuke dingen', dan ontstaat al snel het gevaar dat je het werk gaat verwarren met plezier. Dit komt doordat je je identiteit gaat ontlenen aan de producten die je consumeert. Alan Watts, een filosoof wiens werk ik sterk respecteer, suggereerde dat als werk enkel als doel heeft om onze financiële verplichtingen te faciliteren, dit wel eens de leidraad van ons bestaan zou kunnen vormen. Een vicieuze cirkel van non-identificatie.

Stel jezelf dan ook de vraag hoe je je leven zou inrichten op het moment dat geld geen rol zou spelen. In onze huidige consumptiemaatschappij kunnen wij ons het stellen van deze vraag nauwelijks voorstellen. Alles wat we doen gaat tenslotte gepaard met geld. Het doel van deze vraag is om te achterhalen wat je drijfveren zijn. Wat vind je nu echt leuk om te doen? Wat geeft je energie en tovert een glimlach op je gezicht? Onderzoek of er manieren bestaan waarop je dit antwoord kunt vertalen naar een inkomen. Ook al is dit aanvankelijk misschien geen inkomen waar je in eerste instantie van rondkomt, zet die eerste stap. Begin en de rest zal zich vanzelf manifesteren. Realiseer je dan ook dat het leven te kort en te kostbaar is om je identiteit te ontlenen aan illusies.

Breng de ratio in balans met je intuïtie

Het kan zijn dat het voor jou aanvankelijk moeilijk is om te leren luisteren naar je hart. Neem de tijd die je nu hebt gekregen dan ook voor lief. In onze door ratio gedreven maatschappij lijken we onze intuïtie vaak te negeren. Alsof ratio de enige absolute waarheid behelst. Uiteraard dien je de ratio niet te negeren maar juist in balans te brengen met je intuïtie, het geluid van je hart. Keuzes waarbij de emotie en de ratio gelijkgestemd zijn, zullen dan ook altijd 'gezonde' ontwikkelingen voortbrengen.

Stel dan ook realistische doelen. Ook al lijkt je einddoel nog zo onhaalbaar, laat je niet ontmoedigen door het dogmatisch denken van anderen. Investeer in jezelf door middel van opleidingen, cursussen of autodidactische studie en creëer een netwerk aan contacten die je kunnen bijstaan in het realiseren van je visie. Iedere reis begint namelijk met één kleine stap. Zelf heb ik ervaren dat zodra men deze eerste stap gezet heeft, veel antwoorden vanzelf zullen verschijnen. Het realiseren van een visie brengt iemand dan ook dicht tot zichzelf en mag dan ook beschouwd worden als een zeer pure vorm van zelfexploratie.

Intelligentie

Intelligentie ontleent men vaak aan de behaalde kwalificaties. Het geloof dat HBO-niveau qua ontwikkeling van intelligentie hoogwaardiger is dan het MBO-niveau, is een collectieve hallucinatie waar je helaas vaak mee geconfronteerd zult worden.

HBO-werk- en denkniveau

HBO-werk- en denkniveau is bijvoorbeeld een veel gehoorde leus binnen functieprofielen. Veel sollicitanten verkeren in de waan dat de vraag naar HBO-werk- en denkniveau gecompenseerd kan worden met

ruime, specifieke werkervaring en daarnaast MBO-kwalificaties. Compensatie door werkervaring, onafhankelijk van het niveau van je arbeidshistorie, blijkt helaas vaak niet reëel. Een kandidaat zal namelijk geselecteerd worden op grond van de functievereisten. Hieraan zal dan ook strikt gehoor worden gegeven met als gevolg dat je verworven competenties niet erkend zullen worden.

In een arbeidsmarkt die verzadigd is door HBO-afgevaardigden en academici, ligt de 'expertise' letterlijk voor het oprapen. De vraag naar HBO-werk- en denkniveau is dan ook onlosmakelijk verbonden met een HBO-voorkeur. Een voorkeur waar men tegenwoordig met gemak invulling aan kan geven. Uiteraard kun je deze dans ontspringen als je over een kruiwagen beschikt met een invloedrijke stuurman. Dit privilege presenteert zich echter niet voor iedereen. Mijn advies is dan ook om kritisch te kijken naar het niveau van je arbeidshistorie en de door jou behaalde kwalificaties, om daar vervolgens je vacatures op af te stemmen.

SCHAAL JEZELF HOOG IN

Ben je HBO afgestudeerd maar ervaar je moeite om de gewenste HBOfunctie te bemachtigen, solliciteer dan ook op functies waar specifiek gevraagd word naar MBO+ of HBO-werk- en denkniveau. Misschien gaat dit tegen je intuïtie in. Je hebt tenslotte niet gestudeerd om genoegen te moeten nemen met minder. Let wel dat de concurrentie moordend is in onze door HBO verzadigde arbeidsmarkt en dat je als starter nog geen beroep kunt doen op werkervaring. Door een stap terug te doen, schaal je jezelf hoog in op de ranglijst van de wervende organisatie. Zie het dan ook als een opstapje. Uiteraard dien je ook altijd op vacatures te reageren die sterke raakvlakken vertonen met je persoonlijkheid, je genoten opleiding en opgedane ervaring.

Als afgestudeerde MBO'er doe je er wijs aan om uitsluitend op MBO-functies te reageren, dat biedt simpelweg meer perspectief. Als je over MBO+ kwalificaties beschikt, is het raadzaam om je interesse ook kenbaar te maken voor lagere MBO-functies om daarmee wederom de gewenste hoge inschaling te bereiken. Ook hier geldt dat je altijd op vacatures reageert die sterke raakvlakken vertonen met je persoonlijkheid, je genoten opleiding en opgedane ervaring.

Let wel dat 'Job Hopping' het gevolg kan zijn van een te laag instapniveau. Werken onder het gewenste niveau kan ook gezondheidsklachten met zich meebrengen of zelfs resulteren in een zogenaamde 'Bore-out'. Ben bij het selecteren van vacatures dan ook kritisch maar reëel.

Teleurstelling voor autodidacten

Misschien teleurstellend voor die enkele autodidacten die zichzelf hebben ontwikkeld tot regelrechte experts op hun specifieke vakgebied, maar helaas wordt deze expertise vaak niet erkend omdat er geen officiële kwalificatie aan gekoppeld is. Dit is slechts één product van het dogmatisch denken waar ons collectief onder gebukt gaat. Veel talent raakt zo verspild of compleet verloren.

Hoe dan ook zal een competentiegerichte werving en selectie meer talent aan zich binden dan een kwalificatiegerichte werving en selectie. Deze paradigmaverschuiving zal echter nog lang op zich laten wachten. Tot die tijd moeten we bereid zijn om soms een stap terug te zetten.

12.
Persoonlijke ontwikkeling

Doorzettingsvermogen

Als je werkloos bent, zul je geconfronteerd worden met tientallen en in sommige gevallen zelfs honderden afwijzingen. Het ontmoedigende effect van deze afwijzingen dient dan ook niet te worden onderschat. Je moet er dan ook voor waken dat je niet bezwijkt onder deze constante stroom van afwijzingen. Beschouw iedere afwijzing als constructieve feedback voor een volgende sollicitatiepoging. Brandstof voor de stoomlocomotief die je sollicitatietrein voorttrekt.

Als voorbeeld wil ik het belang van doorzettingsvermogen illustreren aan de hand van Thomas Edison. Veel mensen weten niet dat Thomas Edison niet de daadwerkelijke uitvinder was van de gloeilamp. Heinrich Göbel, een uit Duitsland afkomstige Amerikaanse immigrant, claimde dat hij al in 1854 een gloeilamp zou hebben ontwikkeld. Göbel was zijn tijd dan ook ver vooruit, maar kon wegens het ontbreken van een economische elektriciteitsbron, zijn uitvinding niet in de praktijk brengen. Thomas Edison pakte het bestaand idee later op, verbeterde het proces en maakte er een werkend en bruikbaar product van. Desalniettemin duurde het een eeuwigheid voordat Thomas Edison de gloeilamp effectief kon laten branden. Toen iemand hem vroeg waarom hij het na zoveel mislukte pogingen bleef proberen, antwoordde Edison: 'Ik heb inmiddels meer dan 1000 manieren gevonden waarop het niet werkt. Ik blijf doorgaan en zal uiteindelijk wel de oplossing vinden.'

Dezelfde filosofie dien je ook op het sollicitatieproces los te laten. Als je blijft evolueren en blijft streven naar progressie, zal ook jij die passende baan vinden.

Discipline

Discipline is een krachtig instrument. Tijdens je sollicitatieproces zal je discipline dan ook andere dimensies aannemen. Omwille van het ontwikkelen van je discipline, adviseer ik je om structuur aan te brengen in

de manier waarop je de arbeidsmarkt benadert. Door structuur aan te brengen, creëer je een voedingsbodem voor het cultiveren van discipline. Het is uiteindelijk je discipline die voor het ontstaan van een gewoontepatroon zorgt. Een gewoontepatroon is een automatische reactie die wordt geactiveerd door een bepaalde aanleiding. Je werkloosheid dient in dezen de aanleiding te zijn en een tomeloze inzet om een passende baan te vinden, de automatische reactie.

Zelf gebruikte ik de reguliere werkdagen om de ene dag geschikte vacatures te zoeken, te netwerken, de actualiteiten in de gaten te houden en eventuele analyses en voorbereidingen te maken. De daaropvolgende dag gebruikte ik om op de verzamelde vacatures te reageren en de resultaten te registreren. Deze trend zette ik voort tot vrijdag waarna ik het weekend gebruikte om mijn strategieën te herzien. Uiteraard is het ook van belang dat je het weekend gebruikt om, net zoals de rest van 'werkend' Nederland, je batterij op te laden. Deze cyclus herhaalde ik wekelijks met als gevolg dat mijn methode onlosmakelijk verbonden raakte met mijn weekstructuur.

Discipline is in zekere zin dus noodzakelijk, maar er moet ook ruimte zijn voor menselijkheid en creativiteit. Benader het sollicitatieproces dan ook als een fulltime job waar ook pauzemomenten mogen plaatsvinden.

Blijven doorstuderen

Veel werk wordt in de toekomst kennisintensiever. Een hoog opleidingsniveau is dan ook het beste wapen tegen toekomstige werkloosheid. Je doet er dan ook wijs aan om tijdens je werkloosheid te investeren in een studie. Zij het via een erkend opleidingsinstituut of autodidactisch. Selecteer in ieder geval een studie die aansluit op je passie of je vakgebied en waarmee je je arbeidsperspectief kunt vergroten. Door nu te investeren in een studie, wapen je je ook tegen toekomstige werkloosheid. Hoe hoger je bent opgeleid, hoe waardevoller je namelijk zult zijn voor een organisatie. Blijf dan ook altijd in jezelf investeren, ook als je al werkzaam bent. Verlies jezelf niet in de illusie dat het hebben van een baan een garantie biedt voor een zorgeloze toekomst.

Talenkennis

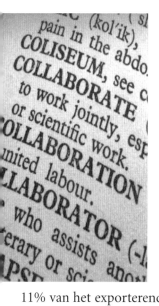

In 2006 lanceerde het Britse CILT (National Centre for Languages) een onderzoek naar de talenkennis binnen het midden- en kleinbedrijf en de invloed hiervan op de commerciële resultaten. Het onderzoek leidde tot het zogenaamde ELAN-project (Effects on the European economy of shortages of foreign language). Volgens het ELAN-rapport zou marktverlies voor een groot deel te wijten zijn aan het gebrek van taalgerelateerde competenties.

Afgaande op de resultaten uit een steekproef onder 2000 bedrijven, was de schatting dat 11% van het exporterend MKB niet in staat was om commerciële kansen optimaal te benutten vanwege een gebrek aan talenkennis. Het onderzoek schetste dan ook een direct verband tussen de beheersing van talen en het succes van exportactiviteiten.

In de nabije toekomst zal er dan ook een toenemende behoefte ontstaan naar interculturele competenties. Zoals verwacht speelt de Engelse taal in deze context een fundamentele rol. We beschouwen Engels dan ook als een wereldtaal. Het is echter een illusie om te denken dat het beheersen van Engels naast het Nederlands, voldoende is om bekwaam te opereren binnen ons internationaal georiënteerde milieu. Het beheersen van een tweede vreemde taal is dan ook van essentieel belang. Dit komt doordat de actieradius van het Engels in veel gevallen te beperkt is. Met de marktexploitatie van Oost-Europese landen zien we steeds meer een toenemende vraag ontstaan naar het Russisch, Duits en Pools. Dit zijn dan ook talen die veel gesproken worden in Oost-Europa. Zo zien we ook dat de Spaanse taal naast Spanje een grote actieradius heeft in Latijns-Amerika en dat de Franse taal naast Frankrijk ook een groot bereik heeft in grote delen van Afrika en zelfs Canada.

In een economie waar culturele grenzen meer overschreden gaan worden, is het inzicht in de taal en de cultuur van het betrokken land van essentieel belang. De duurzaamheid van een commerciële relatie is dan ook direct afhankelijk van het vermogen om bruggen te slaan. In Nederland zijn werkgevers dan ook steeds vaker op zoek naar mensen die meerdere talen beheersen. Maak het dan ook tot een missie om je minstens twee vreemde talen eigen te maken.

Intelligentie verhogen

Tijdens het sollicitatieproces is je intellect het beste wapen. Hoe effectiever jij je intelligentie kunt vertalen naar praktische oplossingen en constructieve resultaten, hoe sneller je die passende baan zult vinden. Het is dan ook van belang om je hersenen te trainen en ze bovenal te gebruiken. Uiteraard speelt geluk een grote rol bij het vinden van een passende baan, echter, je moet de voorsprong die je kunt maken op je concurrentie door een effectieve inzet van intelligentie niet onderschatten.

Met intelligentie bedoel ik niet enkel het vergaren van kennis, maar ook het vermogen om deze kennis te communiceren. Een brede oriëntatie stelt je in staat om sneller verbindingen te leggen. Een breed vocabulaire stelt je in staat om je boodschap concreet en helder over te brengen. In de communicatiewetenschap noemt men dit coderen. Parallel geeft het je ook het vermogen om de boodschap van een ander te begrijpen. In de communicatiewetenschap noemt men dit decoderen. Deze combinatie maakt dat je je in menig interview sterk kunt onderscheiden van je concurrentie doordat de gesprekken al snel een hoog niveau kunnen bereiken. Helaas kent dit fenomeen ook zijn nadelen omdat men je ook als overgekwalificeerd kan beschouwen.

Het bewust ervaren van de groei van het intellect ervaar ik als een abstracte, maar ook uiterst fascinerende gewaarwording. Het is dan ook niet vreemd dat het menselijke bewustzijn mij enorm intrigeert. De afgelopen jaren heb ik mij dan ook veel op dit vlak begeven en mezelf enkele effectieve instrumenten eigen gemaakt. Het scala aan intelligentieverhogende instrumenten is enorm breed. Het één zal voor jou dan ook een hogere voorkeur genieten dan het ander. Maak dan ook enkel gebruik van de instrumenten waarmee jij je kunt identificeren.

Onderstaand tref je een kleine greep aan handvatten die je positief zullen stimuleren. Alle tips zijn dan ook wetenschappelijk onderbouwd en stellen je in staat om je IQ aanzienlijk te verhogen.

- ☛ Het beluisteren van klassieke muziek verbetert het ruimtelijk inzicht. Daarnaast verhoogt het de concentratie.

- ☛ Dagelijks supplementeren met creatine (circa 5 gram per dag) kan het IQ doen toenemen met circa 15 punten binnen een periode van zes weken. Het welbekende monohydraat is een energiefosfaat die voornamelijk denkprocessen versnelt. Men waarschuwt echter voor ononderbroken creatineconsumptie. Een en ander omdat studie uitwijst dat een creatinekuur van zes weken de glucosespiegel aanzienlijk verhoogt. Men vreest dat langdurige creatineconsumptie op den duur dan ook tot insulineresistentie kan leiden.

- ☛ Sport zorgt ervoor dat het zuurstofgehalte in het bloed toeneemt, waardoor zowel de spieren als de hersenen actiever worden. Een Zweedse studie bevestigt dat cardiofitness de verbale intelligentie met wel 50% kan verhogen. Spierkracht werd daarentegen slechts matig geassocieerd met intelligentie. Ander onderzoek legt echter een direct verband tussen de toename van intelligentie door de toename van spiermassa.

☛ Noötropica zijn geneesmiddelen, kruiden of prohormonen die cognitieve functies lijken te verbeteren. Let wel dat er veel placebo's worden aangeboden op deze markt. Echter, de kracht van een placebo moet niet worden onderschat.

☛ Drink met mate. Een enkel glas alcohol verbetert tijdelijk het verbaal vermogen. Als je kiest voor een glas wijn voorzie je jezelf meteen van een goede dosis aan anti-oxidanten. Verschijn echter niet 'aangeschoten' op een sollicitatiegesprek.

☛ Hoe meer koffie of thee je drinkt, hoe beter het ruimtelijk inzicht. Ken echter wel je grenzen.

☛ Dierproeven aan het Massachusetts Institute of Technology (MIT) hebben aangetoond dat speciaal geselecteerde voeding de intelligentie aanzienlijk kan verhogen. Het voedsel van muizen werd door de wetenschappers verrijkt met drie substanties. Ten eerste choline dat in de eidooier voorkomt. Daarnaast ook bepaalde vetzuren uit visolie (Omega 3/6/9) en fosfaten afkomstig uit rode bieten (creatine fosfaat). In vergelijking met onbehandelde muizen wisten de proefdiertjes sneller hun weg uit een doolhof te vinden. Anatomisch onderzoek wees uit dat hun hersenen meer contactpunten (synapsen) bezaten. Dat houdt in dat de zenuwen van de hersencellen efficiënter met elkaar kunnen communiceren.

☛ Lees en studeer. Je kunt geen spieren ontwikkelen door een documentaire over bodybuilding te bekijken. Kennis dient dan ook op een actieve manier te worden verworven. Lezen is dan ook een uitermate geschikt instrument om kennis als het ware te injecteren. Naarmate men meer leest, zal ook de leessnelheid toenemen en daarmee dus ook de snelheid waarmee informatie door de hersenen verwerkt wordt.

Neuronen

De hersenen bestaan uit kleine zenuwen, genaamd neuronen. Deze neuronen hebben vertakkingen en vormen daarmee een zogenaamd neuronetwerk. Daar waar deze neuronen elkaar raken, ontstaat een gedachte of een herinnering. Concepten worden dan ook gevormd door associatieve herinneringen.

Hieruit ontstaat de filosofische vraag: 'Wie bepaalt dan hoe wij onze emoties beheersen of hoe wij op onze emoties reageren?' De wetenschap heeft uitgewezen dat zenuwcellen die op hersenscans tegelijk oplichten ook samenwerken. Als men bepaalde gedragingen met hoge regelmaat herhaalt, krijgen de betreffende neuronen een relatie. Een specifiek gedeelte van het neuronetwerk kan dan ook dagelijks gevoed worden. Denk bijvoorbeeld aan het ontstaan van gewoontepatronen. Het neuronetwerk heeft dan ook een langdurige relatie met alle zenuwcellen die je identiteit vormen. Zenuwcellen die niet meer samenwerken raken op den duur hun relatie kwijt.

Iedere keer dat wij een destructief gedachteproces onderbreken, dat op zijn beurt een chemische reactie oproept in het lichaam, breken de zenuwcellen die erbij betrokken zijn langzaam hun relatie af. Als wij dit proces onderbreken en ons bewust zijn van de verandering, zijn wij niet langer een emotioneel persoon die onbewust en destructief op de omgeving reageert. Men kan dan ook leren om de eigen gedachten te controleren in plaats van dat men zich laat controleren door de eigen gedachten.

De hypothalamus

In vervolg op het bovenstaande wil ik ten slotte nog even stilstaan bij de menselijke emotie vanuit een wetenschappelijke invalshoek. Deze kennis kan dan ook van invloed zijn op hoe je je werkloosheid en de daaraan gerelateerde emoties van ontmoediging en frustratie zult doorstaan.

De hypothalamus produceert chemicaliën die overeenkomen met specifieke emoties. Deze chemicaliën noemt men de zogenaamde neuropeptiden. Dit zijn kleine reeksen aminozuren. Het lichaam maakt in totaal zo'n 20 aminozuren aan waaruit het lichaam wordt opgebouwd. In de hypothalamus worden peptiden samengesteld tot bepaalde neuropeptiden oftewel neurohormonen. Deze corresponderen op hun beurt met de emoties die wij dagelijks ervaren. Zodra wij een bepaalde emotie ervaren, worden er onmiddellijk peptiden aangemaakt en afgegeven aan het bloed. Zodra deze peptiden in onze bloedbaan terechtkomen, zoeken zij hun weg door het lichaam naar onze lichaamscellen. Elke lichaamscel heeft dan ook receptoren aan de buitenkant, het zogenaamde celmembraan. Een receptor die een peptide bevat, verandert de cel in veel opzichten. Het veroorzaakt een hele reeks aan biochemische reacties die soms zelfs tot een verandering in de celkern kunnen leiden. Als mens zijnde organiseren we dan ook situaties die onze biochemische hunkering bevredigen.

De gevoeligheid van de celreceptoren is dan ook veranderlijk. Als een receptor voor een bepaalde neuropeptide een tijdlang intensief wordt bestookt zal hij letterlijk verschrompelen, in aantal minderen of zijn gevoeligheid voor de stof verminderen. Als de cel zich uiteindelijk gaat delen, en een zuster- of een dochtercel voortbrengt, zal deze veel meer receptoren bevatten voor die specifieke neuropeptiden en minder receptoren voor voedingstoffen of zelf de afvoer van afval- en gifstoffen.

De constructieve kracht van intentie en het daaraan gepaarde positieve denken dient dan ook niet onderschat te worden. Enkel dat waar je je focus op legt heeft namelijk de potentie om te veranderen. Benader je sollicitatieactiviteiten dan ook altijd vanuit een positieve intentie.

Gefeliciteerd

Het is je gelukt. Je hebt de vallei der schaduw verlaten en begeeft je weer op het pad van licht. Als je er in slaagt om die felbegeerde baan te bemachtigen, laat je dan niet door de tijdelijke extase verblinden. Voordat je begint bij je nieuwe werkgever, dien je namelijk eerst nog enkele belangrijke zaken af te ronden en wel op een correcte manier. Je dient je euforie dan ook nog even op de achtergrond te houden.

Koester je netwerk

Tijdens je periode van werkloosheid heb je veel contacten gelegd. Je bent in aanraking gekomen met kwakzalvers maar ook met regelrechte

professionals. Wie je pad ook gekruist hebben, ze hebben allen bijgedragen aan het eindresultaat. Zoals eerder beschreven dien je jezelf niet te verliezen in de illusie dat een baan een garantie biedt voor een zorgeloze toekomst. Het netwerk dat je tijdens je werkloosheid hebt opgebouwd, kan in de toekomst onverhoopt weer van pas komen. Zij het misschien niet voor jezelf maar voor een ander. Personen die veel voor je hebben betekend, dien je altijd persoonlijk te benaderen. Men zal je persoonlijke dankbetuiging enorm op prijs stellen. Misschien is in sommige gevallen zelf een bosje bloemen of een leuk cadeautje een gepast gebaar. Daarnaast zal het schrijven van een aanbeveling of het aanbevelen van Skills op LinkedIn ook sterk gewaardeerd worden. In essentie dien je iedereen die je direct of indirect heeft geholpen te bedanken voor de ondersteuning.

Draag zorg over een tijdelijk uitschrijving

Schrijf je dan ook uit bij uitzendbureaus, het CWI, het UWV of je gemeente en vergeet niet om je dank te betuigen. Ben adequaat en draag zorg over een tijdelijke uitschrijving. De consulent zit er namelijk voor jou. Het zou zonde zijn als men de arbeidsmarkt voor je probeert open te breken terwijl je al stilzwijgend een nieuwe baan hebt gevonden. Daarnaast dien je ook de Belastingdienst in kennis te stellen van je nieuwe dienstbetrekking. Een nieuwe baan kan namelijk gevolgen hebben voor je toeslagen en/of voorlopige aanslag.

Meer of minder uren werken dan voorheen

Als je minder uren gaat werken dan voorheen kan het zijn dat je deels je WW-rechten blijft behouden.

Een en ander betekent dat daarmee ook je sollicitatieplicht van kracht blijft. Mocht je je in deze situatie bevinden, dan adviseer ik je om het UWV te benaderen. Men zal je dan op de hoogte stellen van alle criteria waaraan je dient te voldoen. Als je aan de slag gaat voor eenzelfde aantal uren als voorheen en voor een gelijkwaardig of hoger salaris, dan ben je in staat om afstand te nemen van het UWV, het CWI en zijn soortgenoten.

Reserveer tijd voor transitie

Ten slotte adviseer ik je om minimaal één week te reserveren voor alle bovengenoemde activiteiten voordat je weer aan de slag gaat. Deze week fungeert als een transitiebuffer waardoor je afstand kunt nemen van je 'oude' leven en je je in alle rust kunt voorbereiden op je 'nieuwe' leven. Geniet van de anticipatie maar vergeet nooit waar je vandaan komt en welke kwellingen je hebt moeten doorstaan.

Dankwoord

Mijn dank gaat uit naar mijn ouders en mijn familie voor hun onvoorwaardelijke steun en toeverlaat. Ook naar mijn dierbare vrienden en vriendinnen die mij gedurende bittere tijden hebben bijgestaan. Een speciale dank gaat uit naar de personen die een directe bijdrage hebben geleverd aan het creëren van dit handboek.
- Knut Rikken
- Shannon Beij-Derks
- Zij die anoniem wensen te blijven

Links: Knut Rikken | Midden: Moniek Rikken-Offermans | Rechts: Marco Mostert

Moniek Rikken-Offermans wil ik bedanken voor de inzet van haar fotografische talenten. Zij heeft dan ook de voornaamste bijdrage geleverd aan het fotomateriaal dat je in dit handboek aantreft.

Tevens gaat mijn dank uit naar de organisaties binnen ons sociale domein. Zij leveren in dezen de grootste bijdrage aan de arbeidsmarktintegratie van hen met een afstand tot de arbeidsmarkt.

- CWI
- Gemeente Brunssum
- Het Nederlandse Uitzendwezen
- ISD BOL
- UWV

Register

50-plussers 186

Aansluitingsproblematiek 18
Actief luisteren 93
Afgestudeerden 177
Afwijzing 66
Alleenstaanden 182
Allocatie 13
Allochtonen 188
    CV 191
    Kernwaarden 193
    Presentatie 192
    Slagingskans 190
    Werkloosheid 189
Analyse 121
Arbeidsgehandicapten 194
Arbeidsklimaat 59
Arbeidsmarkt 13, 14
    Afstand tot 18
    Betreden van de 177
    Krappe 16
    Ruime 15
Arbeidsongeschiktheid 166
Arbeidsvermogen 13
Arbeidsvoorwaarden 14
Assessment 89
Autodidacten 205

Beschikkingsmacht 13
Bewaken financiën 169
Bijstand 159
Bijstandsgerechtigden 194
Bijstandsuitkering 158
Bureaucratie 174
Burgerlijke staat 198

Communicatie, verbaal en non-verbaal 92
Competentie 36
Concurrentiebeding 150
Continuïteit 45
Curriculum vitae (CV) 21
    Digitaal 32
    Format 25
    Gaten in het 30
    Internationaal 25
    Robot 33
    Voorbeeld 28

CV-robot 33

Denkniveau 203
Diploma 39
Discipline 209
Dogmatisme 201
Doorstuderen 210
Doorzettingsvermogen 208
Dubbele vacature 109
Dunning-Krugereffect 99

Elevator pitch 88
Ervaring, aantoonbare 34
Evaluatiegesprekken 161

Fantoomvacature 108
Flexwerk 180
Functietitel 26

Geslacht 198
Getuigschrift 38
Gezondheid 80, 95
Gezondheidsproblematiek 95, 99

Handmethodiek 82
Hoogconjunctuur 17
Hypothalamus 215

Identificatie 45, 179, 201
Identiteit 168
Info-accounts 54
Instabiliteit 130
Integratie 95
Intelligentie 203
    Verhogen 212
Interview 69
    Skype 85
    Telefonisch 83
    Uitzendbureau 82
    Voorbereiding 70
    Voorbereidingsmodel 72
Intuïtie 203

Job Alert 108

Kerncompetentiekwadrant 97
Kinderopvang 183
Kranten 112

Kwalificatie 36
Kwartaalanalyse 123

Laagconjunctuur 15
Laagopgeleiden 194
Lagelonenlanden 16, 18
Locatie, afwijkende 109

Manitoba-experiment 175
Media-analyse 126
Meer of minder werken, de gevolgen van 219
Mobiliteit 183

Netwerken 115, 217
Neuronen 215
Noodzakelijke kosten 159

Ontheffingsrecht 184
Ontslagvergoeding 151
Opdrachtgever versus kandidaat 133
Open sollicitatie 55
Organisatiestabiliteit 45

Participatiewerkplek 161
Participatiewet 155
    Bijzonderheden 160
    Constructie 157
Passend werk 148, 149
Persoonlijk bezoek, het belang van 139
Persoonlijke gegevens 24, 111
Persoonlijke ontwikkeling 207
Persoonlijke verzorging 75
Presentatie 75
Proefperiode 187

Ratio 203
Referenties 37
Registratiesysteem 27, 121

Schimmige ondernemingen 109
Scholing en training 151, 184
Sociaal isolement 184
Sociale dienst 162
Sociëteiten 113
Sollicitatie, de open 55
Sollicitatieactiviteiten 64
Sollicitatiebrief 46
    Templates 52
    Voorbeeld 50
Sollicitatieclubs 114
Sollicitatiecode NVP 140

Sollicitatiegesprek 76
Sollicitatieprocedure 61
    Kansbepaling 63
Solliciteren 41
    Aanhoudend 64
    Online, veilig 110
    Standaardkader 41
    Vanuit een baan 57
Speeddate 86
Stabiliteit 130
    Financiële 169
Stage 178
Stigmatisering 167, 174

Talenkennis 211
Templates 27, 52
Transitionisten 195

Uiterlijke verschijning 199
Uitkering 147
    Overleven 169
Uitschrijving 218
UWV 153
    Cliëntenraad 154

Vacature, dubbele 109
Vacatureanalyse 41
Vacaturekanalen 107, 186
Vacaturesites 107
Vrijwilligerswerk 118

Wajong 163
    Bijverdienen 165
    Bijzonderheden 167
    Uitkering 164
Werken als ZZP'er 118
Werken in het buitenland 117
Werken voor je plezier 202
Werkervaringsplek (WEP) 103
Werkgever 14
Werkloosheid 16
Werknemer 14
Werkniveau 203
Werving en selectie 133
    Tien geboden 143
Wet werk en zekerheid (Wwz) 145
    Bijzonderheden 149
WW-rechten 147

Ziektewet 166
ZZP'er, werken als 118